A CHAVE MESTRA

A CHAVE MESTRA

24 LIÇÕES
PARA ATRAIR SUCESSO E PROSPERIDADE

CHARLES F. HAANEL

Tradução
Alice Xavier

12ª edição

Rio de Janeiro | 2022

TÍTULO ORIGINAL
The Master Key System

TRADUÇÃO
Alice Xavier

REVISÃO
Eduardo Carneiro

CAPA ORIGINAL
Renan Araujo

CIP-BRASIL. CATALOGAÇÃO NA PUBLICAÇÃO
SINDICATO NACIONAL DOS EDITORES DE LIVROS, RJ

H112c   Haanel, Charles F.
      A chave mestra : 24 lições para atrair sucesso e prosperidade /
Charles F. Haanel ; tradução Alice Xavier. –12. ed. – Rio de Janeiro :
BestSeller, 2022.

      Tradução de: The master key system
      ISBN 978-65-5712-220-4

      1. Sucesso. 2. Prosperidade. 3. Motivação (Psicologia). 4. Técnicas
de autoajuda. I. Xavier, Alice. II. Título.

22-78666   CDD: 158.1
                   CDU: 159.947.5

Gabriela Faray Ferreira Lopes – Bibliotecária – CRB-7/6643

Todos os direitos reservados. Proibida a reprodução,
no todo ou em parte, sem autorização prévia por escrito da editora,
sejam quais forem os meios empregados.

Direitos desta edição reservados pela
Editora Best Seller Ltda.
Rua Argentina, 171, parte, São Cristóvão
Rio de Janeiro, RJ — 20921-380
que se reserva a propriedade literária desta tradução.

Impresso no Brasil

ISBN 978-65-5712-220-4

Seja um leitor preferencial. Cadastre-se no site
www.record.com.br e receba informações sobre
nossos lançamentos e nossas promoções.

Atendimento e venda direta ao leitor:
sac@record.com.br

SUMÁRIO

INTRODUÇÃO	7
PREFÁCIO	9
LIÇÃO 1	19
LIÇÃO 2	29
LIÇÃO 3	39
LIÇÃO 4	47
LIÇÃO 5	55
LIÇÃO 6	63
LIÇÃO 7	71
LIÇÃO 8	81
LIÇÃO 9	91
LIÇÃO 10	101
LIÇÃO 11	109
LIÇÃO 12	119
LIÇÃO 13	127
LIÇÃO 14	135

LIÇÃO 15	143
LIÇÃO 16	151
LIÇÃO 17	159
LIÇÃO 18	167
LIÇÃO 19	175
LIÇÃO 20	183
LIÇÃO 21	191
LIÇÃO 22	199
LIÇÃO 23	207
LIÇÃO 24	215

INTRODUÇÃO

O MOVIMENTO QUE IMPRIMIMOS A NOSSA VIDA NOS É imposto pela natureza. Por mais que desejássemos, não poderíamos permanecer estacionados. Todo indivíduo pensante deseja bem mais que atravessar a vida como um vegetal que produz sons e se locomove, pois sente necessidade de desenvolver-se — aperfeiçoar-se — e continuar seu amadurecimento mental até o fim da vida física.

Tal desenvolvimento só pode ocorrer pelo aperfeiçoamento da qualidade do pensamento individual e dos ideais, ações e condições que decorrem dele. Portanto, é de suma importância para cada um de nós estudar os processos criativos do pensamento e o modo de aplicá-los. Esse conhecimento é o meio pelo qual a evolução da vida humana na Terra pode se acelerar e se elevar no processo.

A humanidade procura ardentemente "a Verdade" e investiga cada caminho que possa conduzir a ela. Nesse processo, produziu uma literatura especial, que percorre todos os aspectos do pensamento e vai do trivial ao sublime — partindo da adivinhação, passando por todas as filosofias, até chegar à grandiosa Verdade Final de *A chave mestra*.

8 A CHAVE MESTRA

A chave mestra é entregue ao mundo como um recurso para explorar a grande Inteligência Cósmica e dela atrair tudo aquilo que corresponde às ambições e às aspirações de cada leitor.

Cada coisa ou instituição que vemos ao nosso redor, criada pela atuação humana, precisou inicialmente existir como um pensamento em alguma mente humana. O pensamento é, portanto, construtivo. O pensamento humano é o Poder Espiritual do Cosmo operando por intermédio de sua criatura, o homem. *A chave mestra* instrui o leitor no modo de usar esse poder, de maneira construtiva e criativa. As coisas e condições que desejamos ver transformadas em realidades devem ser criadas em primeiro lugar no pensamento. *A chave mestra* explica e orienta esse processo.

Por muito tempo, os ensinamentos de *A chave mestra* foram publicados no formato de um curso por correspondência, composto de 24 aulas, fornecidas aos estudantes sob a forma de uma aula por semana, durante 24 semanas. Ao leitor, que agora recebe de uma só vez as 24 lições, recomenda-se que não tente ler o livro como um romance, mas que o trate como um curso de estudos e procure absorver escrupulosamente o significado de cada parte — lendo e relendo somente uma parte por semana antes de passar à seguinte. De outro modo, é possível que não entenda bem as partes subsequentes, e serão desperdiçados seu tempo e dinheiro.

Desde que as instruções sejam corretamente seguidas, *A chave mestra* irá transformar o leitor em uma pessoa melhor, dotada de um novo poder de alcançar qualquer objetivo pessoal de mérito e uma nova capacidade de desfrutar a beleza e a maravilha da vida.

F. H. BURGESS

PREFÁCIO

Alguns indivíduos parecem atrair sucesso, poder, riqueza e realizações com muito pouco esforço consciente; outros os conquistam a muito custo; e outros, ainda, fracassam inteiramente em alcançar suas ambições, seus desejos e ideais. Por que é assim? Por que deveriam alguns realizar suas ambições com facilidade, outros com dificuldade e outros, ainda, não realizá-las de modo algum? A causa não pode ser física, do contrário os homens fisicamente mais perfeitos seriam os mais bem-sucedidos. A diferença, portanto, deve ser mental — e, como deve estar na mente, pode se concluir que a mente detém a força criativa, e essa força é a única diferença entre os homens. Logo, a mente supera o meio ambiente e todos os demais obstáculos na trajetória dos homens.

Quando o poder criativo do pensamento for plenamente entendido, será possível visualizar seu efeito maravilhoso. Mas não se podem assegurar semelhantes resultados sem a devida aplicação, diligência e concentração. O estudante descobrirá que as leis que regem o mundo mental e espiritual são tão fixas e infalíveis quanto as que regem o mundo material. Para garantir os resultados almejados, é necessário, então, conhecer

10 A CHAVE MESTRA

a lei e agir de acordo com ela. Com a devida obediência à lei, será possível ver o resultado desejado ser produzido com invariável exatidão.

O estudante que aprende que o poder vem de dentro, que ele só é fraco por ter confiado na ajuda que vem de fora e que, sem hesitar, se lança no próprio pensamento, instantaneamente se empertiga, se coloca em posição de alerta, assume uma atitude dominante e realiza milagres.

É evidente, portanto, que quem não conseguir plenamente investigar e tirar partido do maravilhoso progresso que está sendo feito nesta fascinante ciência, em breve terá ficado tão atrasado quanto o homem que se recusa a reconhecer e aceitar os benefícios advindos para a humanidade da compreensão das leis da eletricidade.

Naturalmente, com a mesma prontidão com que a mente cria condições negativas, ela produz condições favoráveis. E quando visualizamos, de modo consciente ou inconsciente, qualquer tipo de escassez, limitação ou discórdia, são essas as condições que criamos. Isso é o que muitos fazem o tempo todo, inconscientemente.

Essa lei, à semelhança de qualquer outra, não respeita ninguém, mas está em constante operação e traz para cada indivíduo, de maneira incessante, exatamente aquilo que ele criou; em outras palavras: "O que um homem semeia é também o que colherá."

Por conseguinte, a abundância depende do reconhecimento das leis da abundância e do fato de que a mente é não apenas o criador, mas o único criador de tudo o que existe. Certamente, antes de sabermos que algo pode ser criado, e de fazermos o devido esforço, nada pode ser criado. Não há no mundo, hoje, mais eletricidade do que a existente na Antiguidade. Contudo,

PREFÁCIO   **11**

até que alguém reconhecesse a lei pela qual ela pôde ser posta a nosso serviço, não recebemos benefício algum; desde que a lei foi compreendida, praticamente o mundo inteiro está iluminado por ela. Assim também ocorre com a Lei da Abundância; só quem reconhece a lei e se coloca em harmonia com ela compartilha seus benefícios.

Todo campo de iniciativa está agora dominado pelo espírito científico, e já não são ignoradas as relações de causa e efeito.

A descoberta do campo do direito marcou época no progresso humano. Ele eliminou da vida humana os elementos de incerteza e inconstância, substituídos por lei, razão e certeza.

Os seres humanos agora entendem que para cada resultado há uma causa adequada e definida, de modo que, ao desejar determinado resultado, eles procuram a condição exclusiva pela qual se pode alcançá-lo.

A base sobre a qual repousa toda lei foi descoberta por raciocínio indutivo, que consiste em comparar entre si certa quantidade de instâncias isoladas, até se enxergar o fator comum que dá origem a todas elas.

É a esse método de estudo que as nações civilizadas devem a parcela majoritária de sua prosperidade e a parte mais valiosa de seu conhecimento. Ele tem prolongado a vida, mitigado o sofrimento, transposto rios, iluminado a noite com o esplendor do dia, ampliado o alcance da visão, acelerado o movimento, aniquilado a distância, facilitado o intercâmbio e capacitado os homens a descer aos mares e subir aos ares. Não admira, portanto, que os homens logo se empenhassem em estender ao seu método de pensamento os benefícios desse sistema de estudo. Assim, quando se evidenciou nitidamente que certos resultados seguiam um método específico de pensamento, só nos restou classificá-los.

12 A CHAVE MESTRA

Esse método é científico, e também o único que nos permitirá manter aquele grau de liberdade que nos habituamos a ver como direito inalienável, já que um povo, em casa e no mundo, só está seguro se a preparação nacional implicar aspectos como um crescente superávit de riqueza, eficiência acumulada em negócios públicos e privados de toda e qualquer espécie, avanço contínuo na aptidão para a ação conjunta e o esforço progressivamente dominante de fazer este e os demais aspectos do desenvolvimento nacional se centrarem na elevação da vida individual e coletiva, e girarem em torno desse fator, para o que a ciência, a arte e a ética fornecem orientação e motivos controladores.

A chave mestra se baseia em absoluta verdade científica, e vai desvendar as possibilidades que jazem latentes no indivíduo, além de ensinar de que modo elas podem ser levadas à ação poderosa, a fim de aumentar a efetiva capacidade da pessoa, trazendo um acréscimo de energia, discernimento, vigor e elasticidade mental. O estudante que alcançar a compreensão das leis mentais descritas neste livro terá em seu poder a capacidade de obter resultados até hoje não sonhados, cujas compensações são difíceis de expressar em palavras.

O livro explica o uso correto dos elementos receptivos e ativos da natureza mental e instrui o estudante no reconhecimento das oportunidades; ele fortalece a vontade e a capacidade de raciocínio e ensina a cultivar e fazer melhor emprego da imaginação, do desejo, das emoções e da faculdade intuitiva. Ele confere iniciativa, tenacidade, propósito, sabedoria de escolha, solidariedade inteligente e uma completa fruição da vida em seus planos mais elevados.

A chave mestra ensina o uso do Poder Mental, o verdadeiro Poder Mental, e não qualquer de seus substitutos e perver-

PREFÁCIO   **13**

sões. E esse poder nada tem a ver com hipnotismo, mágica ou qualquer das ilusões mais ou menos fascinantes pelas quais muitos são levados a crer que se pode obter alguma coisa a troco de nada.

A chave mestra cultiva e desenvolve a compreensão que permitirá a você controlar o corpo e, desse modo, a saúde. Ela aperfeiçoa e fortalece a memória. Desenvolve a intuição, o tipo de intuição que é tão raro, o tipo que é a característica distintiva de todo empresário bem-sucedido, o tipo que permite aos homens ver as possibilidades e também as dificuldades de cada situação, o tipo que lhes permite discernir oportunidades que estão acessíveis, pois são milhares os que não conseguem ver as oportunidades praticamente a seu alcance, enquanto trabalham tenazmente com situações que em hipótese alguma podem levar à concretização de qualquer retorno substancial.

A chave mestra desenvolve o Poder Mental, o que significa que outros reconhecem por instinto que você é uma pessoa de força, de caráter — que eles querem fazer o que você deseja. Significa que você atrai pessoas e coisas; que tem o que alguns chamam de "sorte"; que as "coisas" vêm a seu encontro; que você alcançou a compreensão das leis fundamentais da natureza e se colocou em harmonia com elas; que você está em sintonia com o Infinito; que você entende a Lei da Atração, as Leis Naturais do Crescimento e as leis psicológicas sobre as quais repousam todas as vantagens no mundo social e empresarial.

O Poder Mental é um poder criativo, e lhe confere a capacidade de criar por si mesmo. Ele não envolve a capacidade de tomar alguma coisa de alguém, pois a natureza nunca age assim. Ela faz crescer duas folhas de relva onde antes só crescia uma — e o Poder Mental capacita os humanos a fazer o mesmo.

14 A CHAVE MESTRA

A chave mestra desenvolve a intuição e a sagacidade, intensifica a independência, a habilidade e a disposição de ser útil. Este livro destrói a desconfiança, a depressão, o medo, a melancolia e todas as formas de deficiência, limitação e fraqueza, inclusive a dor e a doença; também desperta talentos não revelados, fornece iniciativa, força, energia, vitalidade. Desperta uma apreciação do belo na arte, na literatura e na ciência.

Este livro mudou a vida de milhares de homens e mulheres, ao substituir os métodos incertos e nebulosos por princípios definidos — e princípios para a base sobre a qual deve repousar todo sistema de eficiência.

Elbert Gary, presidente do conselho da United States Steel Corporation até 1927, ano de sua morte, declarou: "Os serviços de assessores, instrutores e especialistas de eficiência em gestão bem-sucedida são indispensáveis à maioria das iniciativas empresariais de vulto, porém muito mais importantes."

A chave mestra ensina os princípios corretos e sugere métodos para a aplicação prática deles, fator pelo qual se difere de todos os outros cursos. Ensina que o único valor que se pode atribuir a qualquer princípio reside na aplicação deste. Muitos leem livros, levam para casa cursos, frequentam palestras durante a vida inteira sem jamais realizar progresso algum em demonstrar o valor dos princípios envolvidos. *A chave mestra* sugere métodos pelos quais o valor dos princípios ensinados pode ser demonstrado e colocado concretamente em prática na experiência diária.

Há uma mudança na mentalidade mundial. Essa mudança está transpirando silenciosamente entre nós, e é mais importante que qualquer outra pela qual o mundo já passou desde a queda do paganismo.

PREFÁCIO **15**

A presente revolução nas opiniões de todas as classes de homens, da mais alta e instruída à classe trabalhadora, não encontra paralelo na história do mundo.

Nos últimos tempos, a ciência tem feito grandes descobertas, revelado recursos infinitos, desvelado possibilidades imensas e muitas forças insuspeitadas, a tal ponto que os cientistas hesitam em afirmar certas teorias como estabelecidas e indubitáveis, ou em negar outras tidas como absurdas ou impossíveis. Desse modo, uma nova civilização está nascendo: costumes, crenças e crueldade estão sendo superados, deixando em seu lugar a visão, a fé e o serviço. Os grilhões da tradição estão se dissolvendo da humanidade, enquanto a escória do materialismo está sendo consumida, o pensamento está sendo libertado e a verdade está raiando plena diante de uma multidão atônita.

O mundo inteiro está às vésperas de uma nova consciência, um novo poder e uma nova percepção dos recursos existentes dentro do indivíduo. O passado testemunhou o mais extraordinário progresso material da história. O presente irá produzir o mais grandioso progresso do Poder Mental e Espiritual.

A Ciência Física reduziu a matéria a moléculas, as moléculas a átomos, os átomos a energia. Coube a Sir Ambrose Fleming reduzir essa energia à mente, num discurso à Instituição Real em que afirma: "Em sua essência final, a energia pode ser incompreensível para nós, a não ser como uma exibição da operação direta daquilo que chamamos Mente ou Vontade."

Vejamos quais são as forças mais formidáveis da natureza. No mundo mineral tudo é sólido e fixo. Nos reinos animal e vegetal tudo se encontra em estado de fluxo, sempre se alterando, sempre sendo criado e recriado. Na atmosfera encontramos calor, luz e energia. Cada reino se torna mais sutil e mais

16 A CHAVE MESTRA

espiritual à medida que passamos do visível ao invisível, do grosseiro ao refinado, da baixa potencialidade à alta potencialidade. Quando alcançamos o invisível, encontramos energia em seu estado mais puro e mais volátil.

Constatamos que, tal como acontece com a natureza, entre os seres humanos as forças mais potentes são as invisíveis, ou seja, no homem, a sua força espiritual. E a única forma pela qual a força espiritual pode se manifestar é por meio do processo do pensamento. O pensamento é, portanto, a única atividade que o espírito possui e é o único produto do processo de pensar.

Portanto, a adição e a subtração são transações espirituais; o raciocínio é um processo espiritual; as ideias são concepções espirituais; as perguntas são holofotes espirituais; e a lógica, a argumentação e a filosofia são o maquinário espiritual.

Cada pensamento faz entrar em ação determinado tecido físico, partes do cérebro, dos nervos ou dos músculos. Isso produz uma alteração física concreta na construção do tecido. Portanto, para se provocar uma mudança completa na organização física de um homem, basta que se tenha certa quantidade de pensamentos sobre determinado assunto.

Este é o processo pelo qual o fracasso é transformado em sucesso. Pensamentos de coragem, poder, inspiração e harmonia substituem pensamentos de fracasso, desespero, escassez, limitação e discórdia. E, à medida que esses pensamentos criam raízes, o tecido físico se altera e o indivíduo enxerga a vida sob uma nova luz: morre o que é velho, tudo se converte em novo. O indivíduo renasce, dessa vez do espírito; a vida adquire um novo significado para ele, que é reconstruído e preenchido com alegria, confiança, esperança e energia. Ele enxerga oportunidades de êxito às quais estivera cego até então.

PREFÁCIO 17

E reconhece possibilidades que antes nada significavam para ele. Os pensamentos de sucesso com que ele foi impregnado se irradiam para aqueles que o cercam, e estes, por sua vez, ajudam-no a avançar e subir. Ele atrai novos e bem-sucedidos parceiros, e isso, por sua vez, muda o ambiente ao seu redor. Desse modo, por esse simples exercício de pensamento, o homem muda não só a si mesmo, mas também seu ambiente, suas circunstâncias e condições.

Você vai ver, você deve perceber que nos encontramos na alvorada de um novo dia; que as possibilidades são tão maravilhosas, tão fascinantes, tão ilimitadas que chegam a ser quase estonteantes. No século XIX, um exército inteiro armado com os implementos bélicos da ocasião poderia ser aniquilado por um homem munido de uma metralhadora Gatling.* Assim também ocorre no presente. Qualquer detentor do conhecimento das possibilidades contidas em *A chave mestra* tem uma inconcebível vantagem sobre a coletividade.

---

* Arma criada nos Estados Unidos por R. J. Gatling (séc. XIX), com vários canos rotativos e grande poder de fogo. [*N. da T.*]

LIÇÃO 1

É UMA HONRA FINALMENTE APRESENTAR A PRIMEIRA parte dos ensinamentos de *A chave mestra*. Você gostaria de ter mais poder em sua vida? Adquira a consciência do poder. Mais saúde? Adquira a consciência da saúde. Mais felicidade? Adquira a consciência da felicidade. Viva o espírito desses sentimentos até eles se tornarem seus por direito. Então será impossível afastá-los de você. O mundo material é fluido diante do poder interno do homem, por meio do qual ele o governa.

Você não precisa adquirir esse poder: você já o tem. Mas você quer entendê-lo; quer empregá-lo; quer controlá-lo; quer se impregnar desse poder, de modo a progredir e carregar o mundo à sua frente.

Dia após dia, enquanto você prossegue, enquanto vai tomando impulso, sua inspiração se aprofunda, seus planos se cristalizam, enquanto você alcança a compreensão, você irá perceber que este mundo não é um amontoado inerte de pedras e madeira, e sim uma coisa viva! Ele se compõe dos corações pulsantes da humanidade. Trata-se de algo vivo e maravilhoso.

20   A CHAVE MESTRA

Evidentemente é preciso ter compreensão para trabalhar com um material dessa espécie, mas os que alcançam semelhante compreensão sentem-se inspirados por uma nova luz, uma nova força; eles adquirem confiança e mais poder a cada dia quando concretizam suas esperanças e realizam seus sonhos; a vida adquire um sentido mais profundo, mais pleno e mais nítido que antes.

1. A noção de que a fartura atrai ainda mais fartura é uma verdade em todos os planos da existência; a noção de que a perda provoca mais perda é igualmente verdadeira.

2. A mente é criativa, e as condições, o meio ambiente e todas as experiências na vida resultam de nossa atitude mental habitual ou predominante.

3. A atitude mental depende necessariamente daquilo que nós pensamos. Portanto, o segredo de todo poder, de toda realização e de toda posse depende de nosso modo de pensar.

4. Isso acontece porque nós precisamos "ser", antes de podermos "fazer", e só podemos "fazer" à medida que "somos"; e o que "somos" depende daquilo que "pensamos".

5. Não podemos expressar poderes que não possuímos. A única forma de assegurarmos que teremos o poder é nos tornar conscientes do poder, e não nos conscientizaremos do poder até havermos aprendido que todo poder vem de dentro.

6. Existe um mundo interior — um mundo de pensamento e sentimento e poder; um mundo de luz e vida e beleza. Embora ele seja invisível, suas forças são poderosas.

7. O mundo interior é governado pela mente. Quando descobrirmos esse mundo, encontraremos a solução de cada problema, a causa de cada efeito; e já que o mundo interior está sob nosso controle, todas as leis do poder e da posse também se encontram da mesma forma.

8. O mundo exterior é um reflexo do mundo interior. O que aparece no exterior é o que se encontra no interior. No mundo interior é possível encontrar sabedoria infinita, poder infinito, suprimentos infinitos de tudo que é necessário, à espera de exposição, desenvolvimento e expressão. Se reconhecermos essas potencialidades no mundo interior, elas tomarão forma no mundo exterior.

9. A harmonia no mundo interior será refletida no mundo exterior por condições harmoniosas, ambientes agradáveis, o melhor do que existe. Ela é a base da saúde e o fator necessário a toda grandeza, todo poder, toda aquisição, toda realização e todo sucesso.

10. A harmonia no mundo interior significa a capacidade de controlar nossos pensamentos e determinar por conta própria o modo como qualquer experiência irá nos afetar.

11. A harmonia no mundo interior resulta em otimismo e afluência; a afluência interna resulta em afluência externa.

12. O mundo exterior reflete as circunstâncias e as condições da consciência interior.

13. Se encontrarmos sabedoria no mundo interior, teremos a capacidade de discernir as possibilidades maravilhosas que se encontram latentes nesse mundo interior, e receberemos o poder de tornar essas possibilidades manifestas no mundo exterior.

14. Quando nos tornamos conscientes da sabedoria do mundo interior, mentalmente tomamos posse dessa sabedoria, e ao tomar posse mental entramos na posse concreta do poder e da sabedoria necessários para manifestar os elementos indispensáveis ao nosso desenvolvimento mais completo e harmonioso.

22   A CHAVE MESTRA

15. O mundo interior é o mundo prático no qual homens e mulheres de poder geram coragem, esperança, entusiasmo, confiança e fé, pelos quais lhes é dada a inteligência refinada para ter a visão e as habilidades práticas de tornar real essa visão.

16. A vida é um desdobramento e não um acréscimo. O que vem a nós no mundo exterior é o que já possuímos no mundo interior.

17. Toda posse tem por base a consciência. Todo ganho é o resultado de uma consciência cumulativa. Toda perda é o resultado de uma consciência dispersiva.

18. A eficácia mental é uma contingência da harmonia. Discórdia significa confusão. Portanto, quem quiser adquirir poder precisa estar em harmonia com a Lei Natural.

19. Estamos todos relacionados ao mundo exterior pela Mente Objetiva. O cérebro é o órgão dessa mente e o sistema nervoso nos põe em comunicação consciente com cada parte do corpo. Esse sistema nervoso responde a cada sensação de luz, calor, olfato, som e paladar.

20. Quando essa mente pensa corretamente, quando ela entende a verdade, quando são construtivos os pensamentos enviados pelo sistema nervoso, as sensações são agradáveis e harmoniosas.

21. O resultado é acumularmos, em nosso corpo, força, vitalidade e todas as forças construtivas; mas é também por meio dessa mente objetiva que são admitidos em nossa vida todo o estresse, toda a doença, a escassez, a limitação e todas as formas de discórdia e desarmonia. É, portanto, por intermédio da Mente Objetiva, pelo pensamento errado, que nos relacionamos com todas as forças destrutivas.

LIÇÃO 1   23

22. Nós nos relacionamos com o mundo interior pela Mente Subconsciente. O Plexo Solar é o órgão dessa mente; o sistema nervoso simpático governa todas as sensações subjetivas, tais como alegria, medo, amor, emoção, imaginação e todos os outros fenômenos subconscientes. É por meio do subconsciente que nos conectamos com a Mente Universal e somos postos em relação com as forças construtivas Infinitas do Universo.

23. O grande segredo da vida é coordenar esses dois centros de nosso ser e compreender suas funções. Com esse conhecimento podemos levar as mentes objetiva e subjetiva à cooperação consciente e, assim, coordenar o finito com o infinito. Nosso futuro está inteiramente sob nosso controle. Não está à mercê de qualquer poder externo caprichoso ou incerto.

24. Todos concordam quanto à existência de um só princípio ou consciência que permeia o Universo inteiro, ocupando todo o espaço e consistindo essencialmente da mesma espécie em qualquer ponto de sua presença. Ele é todo-poderoso, onisciente e onipresente. Todos os pensamentos e coisas estão dentro Dele. Ele é tudo em tudo.

25. Só existe no Universo uma consciência capaz de pensar; e quando ela pensa, seus pensamentos se transformam para ela em coisas objetivas. Como essa consciência é onipresente, ela deve estar presente no interior de cada indivíduo; cada indivíduo deve ser uma manifestação dessa Consciência onipotente, onisciente e onipresente.

26. Como só existe uma Consciência no Universo que é capaz de pensar, toda consciência é necessariamente idêntica à Consciência Universal ou, em outras palavras, todas as mentes são uma única. Não há como escapar a tal conclusão.

24 A CHAVE MESTRA

27. A consciência que se concentra em suas células cerebrais é a mesma consciência que se concentra nas células cerebrais de cada um dos demais indivíduos. Cada indivíduo é apenas a individualização da Mente Universal, da Mente Cósmica.

28. A Mente Universal é energia estática ou potencial; ela simplesmente é; ela só pode se manifestar por intermédio do individual, e o individual só pode se manifestar por intermédio do Universal. Os dois são uma coisa só.

29. A capacidade de pensar do indivíduo é sua capacidade de agir no Universal e de fazê-lo manifestar-se. A consciência humana consiste apenas na capacidade humana de pensar. A mente em si é considerada uma forma sutil de energia estática, da qual surgem atividades chamadas "pensamentos", que constituem a fase dinâmica da mente. A mente é energia estática, o pensamento é energia dinâmica — as duas fases de uma mesma coisa. O pensamento é, por conseguinte, a força vibratória formada pela conversão da mente estática em mente dinâmica.

30. Como a soma de todos os atributos está contida na Mente Universal, que é onipotente, onisciente e onipresente, é preciso que, em forma potencial, esses atributos estejam presentes em cada indivíduo, em todos os momentos. Portanto, quando o indivíduo pensa, o pensamento é forçado, pela própria natureza, a se corporificar na objetividade ou condição que corresponderá à sua origem.

31. Portanto, todo pensamento é uma causa e toda condição é um efeito; daí ser absolutamente essencial que você controle seus pensamentos de modo a manifestar somente condições desejáveis.

32. Todo poder vem de dentro, e está absolutamente sob seu controle; ele vem por meio do conhecimento exato e do exercício voluntário de princípios exatos.

33. Deve ser evidente que, ao adquirir uma completa compreensão dessa lei, e ser capaz de controlar seus processos de pensamento, você pode aplicá-la a qualquer condição; em outras palavras, você terá entrado em colaboração consciente com a Lei Onipotente que fundamenta todas as coisas.

34. A Mente Universal é o princípio vital de todo átomo que existe; cada átomo está continuamente se esforçando em manifestar mais vida; todos são inteligentes e todos estão buscando cumprir o objetivo para o qual foram criados.

35. A maior parte da espécie humana vive no mundo exterior; poucos encontraram o mundo interior. No entanto, o que produz o mundo exterior é o mundo interior; ele é, portanto, criativo, e tudo o que você encontra em seu mundo exterior foi criado por você no mundo interior.

36. Esse sistema o levará à percepção do poder que será seu quando você compreender a relação entre o mundo exterior e o mundo interior. O mundo interior é a causa; o mundo exterior, o efeito. Para mudar o efeito, você precisa mudar a causa.

37. Você verá imediatamente que esta é uma ideia radicalmente nova e diferente; a maioria tenta mudar os efeitos agindo sobre os efeitos. Não consegue enxergar que isso significa simplesmente mudar uma forma de estresse por outra. Para remover a discórdia, devemos remover a causa, e esta só pode ser encontrada no mundo interior.

38. Todo crescimento vem de dentro. E isso fica evidente em toda a natureza. Cada planta, cada animal, cada ser humano é um testemunho vivo dessa grande lei, e o equívoco das épocas consiste na busca de força ou poder que venha de fora.

26 A CHAVE MESTRA

39. O mundo interior é a Fonte Universal de recursos, enquanto o mundo exterior é o escoadouro do fluxo. Nossa capacidade de receber depende de nosso reconhecimento dessa Fonte Universal, dessa Energia Infinita da qual o indivíduo é um escoadouro e, portanto, uno com os demais.

40. O reconhecimento é um processo mental. A ação mental é, por conseguinte, a interação do individual com a Mente Universal. E, como a Mente Universal é a inteligência que permeia todo o espaço e anima todas as coisas vivas, essa ação--reação mental é a Lei da Causalidade. Contudo, o princípio da causalidade não se obtém na mente individual e sim na Mente Universal. Não é uma faculdade objetiva e sim um processo subjetivo, cujos resultados são vistos numa variedade infinita de condições e experiências.

41. Para expressar a vida, é preciso haver a mente; nada pode existir sem a mente. Tudo que existe é alguma forma de manifestação do único fundamento que todas as coisas já foram criadas e estão sendo continuamente recriadas.

42. Vivemos num mar imensurável de substância plástica mental. Essa substância está sempre viva e ativa. Ela é sensível no mais alto grau. Ela assume forma de acordo com a exigência mental. O pensamento forma o molde ou a matriz de que se expressa a substância.

43. Lembre-se de que o valor só consiste na aplicação, e que a compreensão prática dessa lei substituirá por abundância a pobreza, por sabedoria a ignorância, por harmonia a discórdia e por liberdade a tirania. Certamente, do ponto de vista material e social, não pode haver maior bênção que esta.

44. Agora faça a seguinte aplicação: arranje um local em que você possa ficar isolado e tranquilo; sente-se ereto, comodamente, mas não relaxe o corpo. Deixe os pensamentos vagarem à vontade, mas conserve-se perfeitamente quieto por 15 ou trinta minutos. Continue a fazer isso por três ou quatro dias, ou mesmo uma semana, até haver garantido o pleno controle de seu ser físico.

45. Muitos acharão isso extremamente difícil; outros irão consegui-lo com facilidade, mas é absolutamente essencial garantir o completo controle do corpo antes de se estar pronto a passar adiante. Na próxima semana você receberá instruções para o passo seguinte; até lá é preciso que tenha dominado esse primeiro passo.

LIÇÃO 2

Nossas dificuldades se devem em grande parte a ideias confusas e ignorância quanto a nossos verdadeiros interesses. A grande tarefa é descobrir as leis da natureza às quais precisamos nos ajustar. Portanto, é de valor incalculável ter discernimento de pensamento e percepção moral. Todo processo se apoia em bases sólidas, até mesmo os processos do pensamento.

Quanto mais apuradas as sensibilidades, agudos os julgamentos, delicado o gosto, refinados os sentimentos morais, sutil a inteligência, elevada a aspiração, mais puras e mais intensas serão as gratificações trazidas pela existência. É por isso que o estudo do melhor do pensamento mundial traz intenso prazer.

A força, os usos e as possibilidades da mente sob as novas interpretações são comparativamente mais poderosos que as mais extravagantes realizações, ou mesmo sonhos de progresso material.

Pensamento é energia. O pensamento ativo é energia ativa; o pensamento concentrado é energia concentrada. O pensamento concentrado num propósito definido se transforma em

30   A CHAVE MESTRA

poder. Esse é o poder que está sendo usado por aqueles que não acreditam na virtude da pobreza, ou na beleza da abnegação. Eles percebem que esse é o discurso dos fracos.

A capacidade de receber e manifestar esse poder depende da capacidade de reconhecer a Energia Infinita que vive para sempre no homem, constantemente criando e recriando seu corpo e sua mente e pronta para se manifestar a qualquer momento por intermédio dele, do modo que se fizer necessário. A manifestação na vida externa do indivíduo estará em proporção direta ao reconhecimento dessa verdade.

A lição a seguir explica o método de alcançar tal resultado.

1. As operações da mente são produzidas por duas modalidades paralelas de atividade: uma consciente e outra subconsciente. O professor Davidson afirma: "Quem pretende iluminar com a luz da própria consciência o espectro completo da ação mental se compara a alguém que pretendesse iluminar o Universo com uma lamparina."

2. Os processos lógicos subconscientes são realizados com uma certeza e regularidade que seriam impossíveis caso houvesse a possibilidade de erro. Nossa mente foi projetada de modo a preparar para nós os fundamentos mais importantes da cognição, sem que tenhamos a mais remota compreensão do modo operacional.

3. A alma subconsciente, qual um benfeitor anônimo, trabalha e faz provisão em nosso benefício e nos derrama no colo somente os frutos maduros; portanto, a análise ulterior do processo de pensamento mostra que o subconsciente é o palco dos mais importantes fenômenos mentais.

4. Terá sido por intermédio do subconsciente que Shakespeare percebeu, sem esforço, grandes verdades que estão ocultas para a Mente Consciente do estudante; que Fídias modelou o mármore e o bronze; que Rafael pintou Madonas e Beethoven compôs sinfonias.

5. Desenvoltura e perfeição dependem inteiramente do grau em que deixamos de depender da consciência. Tocar piano, andar de patins, digitar, exercer uma profissão especializada são habilidades que, para sua perfeita execução, dependem do processo da Mente Subconsciente. A façanha de tocar uma brilhante partitura ao piano enquanto se mantém uma animada conversação mostra a grandeza de nossos poderes subconscientes.

6. Todos sabemos como dependemos do subconsciente. E quanto mais grandeza, nobreza e inteligência houver em nossos pensamentos, mais se evidencia para nós mesmos que a origem nos ultrapassa a compreensão. Estamos dotados de tato, instinto, senso do belo na arte, na música etc. e inteiramente inconscientes de onde se originam ou se hospedam esses fatores.

7. É enorme o valor do subconsciente; ele nos inspira; ele nos adverte; ele nos provê os nomes, os fatos e as cenas que vai buscar no armazém da memória. Ele dirige nossos pensamentos e preferências, além de realizar tarefas tão complexas que nenhuma Mente Consciente estaria capacitada a cumprir, ainda que detivesse tal poder.

8. Podemos, por um lado, caminhar à vontade; podemos levantar o braço sempre que escolhermos; através dos olhos ou dos ouvidos, podemos mudar nossa atenção para qualquer assunto, a escolher. Por outro lado, não podemos parar nossos batimentos cardíacos nem a circulação do sangue, não conseguimos modificar nossa estatura nem a formação dos tecidos nervosos e musculares, a construção dos ossos e muitos outros processos vitais importantes.

32 A CHAVE MESTRA

9. Se compararmos esses dois conjuntos de ações, o que é ditado pela vontade do momento e o outro que avança em curso majestoso e ritmado, isento de qualquer vacilação e constante em todos os momentos, ficaremos admirados diante deste último, pedindo explicação para tal mistério. Veremos imediatamente que esses são os processos vitais de nossa vida física, e não podemos evitar inferir que essas funções extremamente importantes foram retiradas deliberadamente de sob o domínio de nossa vontade externa, com suas variações e transições, e colocadas sob a direção de um poder permanente e confiável dentro de nós.

10. Desses dois poderes, o externo e mutável foi denominado "Mente Consciente" ou "Mente Objetiva" (que lida com objetos externos). O poder interior é chamado "Mente Subconsciente" ou "Mente Subjetiva", que, além do trabalho no plano mental, controla as funções regulares que tornam possível a vida física.

11. É necessário ter uma compreensão total das respectivas funções delas no plano mental, e também de outros princípios básicos específicos. Percebendo e operando por meio dos cinco sentidos físicos, a Mente Consciente lida com as impressões e os objetos da vida externa.

12. A Mente Consciente tem a faculdade de discriminação, levando consigo a responsabilidade da escolha. Ela tem o poder do raciocínio — seja ele indutivo, dedutivo, analítico, seja ele silogístico — e esse poder pode ser desenvolvido em alto grau. Ela é a sede da vontade, com todas as energias que fluem a partir daí.

13. Além de conseguir impressionar outras mentes, ela pode dirigir a Mente Subconsciente. Desse modo, a Mente Consciente se torna a regente responsável e a guardiã da Mente

LIÇÃO 2   **33**

Subconsciente. É essa alta função que pode modificar completamente as condições de sua vida.

14. Acontece, com frequência, de condições de medo, preocupação, pobreza, doença, desarmonia e males de todo tipo nos dominarem, em razão das falsas sugestões aceitas pela Mente Subconsciente desavisada. Tudo isso pode ser evitado inteiramente pela Mente Consciente treinada, graças à sua ação vigilante e protetora. Ela pode ser adequadamente chamada "a sentinela diante do portão" do grande domínio subconsciente.

15. Um escritor expressou assim a principal distinção entre as duas fases da mente: "A Mente Consciente é a vontade racional. A Mente Subconsciente é o desejo instintivo, o resultado da vontade racional que lhe foi sugerido."

16. A Mente Subconsciente retira inferências justas e exatas de premissas fornecidas por fontes externas. Onde a premissa é verdadeira, a Mente Subconsciente atinge uma conclusão impecável, mas, quando a premissa ou sugestão for errada, toda a estrutura desaba. A Mente Subconsciente não se envolve no processo de provar. Ela confia que a Mente Consciente, "a sentinela diante do portão", irá guardá-la de impressões equivocadas.

17. Ao receber como verdade qualquer sugestão, a Mente Subconsciente passa de imediato a agir de acordo, no domínio inteiro de seu imenso campo de trabalho. A Mente Consciente pode sugerir verdade ou equívoco. Se for este último, o custo será um risco de longo alcance para o ser inteiro.

18. A Mente Consciente deveria estar de plantão durante cada hora da vigília. Quando a sentinela está "fora da guarda", ou quando seu sereno julgamento está suspenso, por circunstâncias variadas, então a Mente Consciente torna-se despro-

34 A CHAVE MESTRA

tegida e aberta a sugestões de todas as fontes. Durante a excitação descontrolada do pânico, ou no auge da raiva, ou sob os impulsos da multidão irresponsável, ou em qualquer outro momento de paixão desenfreada, as condições são extremamente perigosas. A Mente Subconsciente fica, então, aberta a sugestões de medo, ódio, egoísmo, ganância, autodepreciação e outras forças negativas, derivadas de pessoas ou circunstâncias próximas. O resultado é em geral extremamente insalubre, com efeitos que podem perdurar como perturbação mental por muito tempo. Daí a grande importância de proteger a Mente Subconsciente das falsas impressões.

19. A mente subconsciente percebe pela intuição. Por conseguinte, seus processos são rápidos. Ela não espera pelos métodos lentos do raciocínio consciente. De fato, não pode empregá-los.

20. Tal como o coração ou o sangue do indivíduo, a Mente Subconsciente nunca dorme, nunca descansa. Constatou-se que, depois de serem feitas explicitamente certas afirmações específicas para a Mente Subconsciente, forças são colocadas em operação e levam ao resultado desejado. Eis aqui, então, uma fonte de poder que nos coloca em contato com a onipotência. Nisso está contido um sério princípio que bem merece nosso estudo mais empenhado.

21. Essa lei tem uma forma interessante de operar. Aqueles que a colocam em operação descobrem que, ao saírem para encontrar uma pessoa com quem haviam previsto uma entrevista difícil, algo compareceu antes deles e dissolveu as supostas diferenças. Tudo está mudado; tudo é harmonioso. Eles constatam que, quando ocorre algum problema complicado de negócios, há o ensejo de postergar o prazo e alguma coisa aponta para a solução adequada. Tudo se arranja devidamente.

LIÇÃO 2   **35**

De fato, os que aprenderam a confiar no subconsciente descobrem que têm recursos infinitos ao dispor.

22. A Mente Subconsciente é a sede de nossos princípios e aspirações. É a fonte de nossos ideais artísticos e altruístas. Só um processo gradual e elaborado de corrosão de princípios inatos consegue solapar esses instintos.

23. A Mente Subconsciente não consegue argumentar polemizando. Portanto, se ela tiver recebido as sugestões erradas, o método seguro de superá-las será a utilização de uma forte sugestão contrária, frequentemente repetida, que a mente deve aceitar, e com o tempo acabar formando hábitos novos e saudáveis de pensamento e de vida, pois a Mente Subconsciente é a sede do hábito. Atos que repetimos muitas vezes se tornam mecânicos; já não envolvem emissão de juízo, e sim corroem seus sulcos profundos na mente subconsciente. Isso nos favorece quando o hábito é saudável e correto. Se ele for nocivo e errado, o remédio é reconhecer a onipotência da Mente Subconsciente e sugerir liberdade real no presente. Pelo fato de ser criativo e unificado com nossa fonte divina, o subconsciente irá imediatamente criar a liberdade sugerida.

24. Em resumo: as funções normais do subconsciente no lado físico têm a ver com os processos regulares e vitais, com a preservação da vida e a recuperação da saúde, com o cuidado da prole, que inclui um desejo instintivo de preservar todo tipo de vida e melhorar as condições em geral.

25. No lado mental, a Mente Subconsciente é o depósito da memória. Ela abriga os maravilhosos mensageiros do pensamento, que trabalham sem impedimentos de tempo e espaço. É a fonte da iniciativa prática e das forças construtivas da vida: é a sede do hábito.

36 A CHAVE MESTRA

26. No lado espiritual, ela é a fonte dos ideais, da aspiração, da imaginação. É também o canal pelo qual reconhecemos nossa fonte divina, e na medida desse reconhecimento de divindade nós alcançamos a compreensão da fonte do poder.

27. Alguém talvez pergunte: "E como poderia a Mente Subconsciente mudar as condições?" A resposta é: porque o subconsciente é uma parte da Mente Universal, e uma parte deve ser o mesmo que o todo em espécie e qualidade; a única diferença é o grau. O todo, como sabemos, é criativo; de fato, é o único criador que existe. Consequentemente, constatamos que a mente é criativa, e como o pensamento é a única atividade que a mente possui, deve necessariamente ser criativo também.

28. Mas descobriremos que há uma enorme diferença entre o simples ato de pensar e o ato de dirigir o pensamento de forma consciente, sistemática e construtiva. Ao fazê-lo, colocamos nossa mente em harmonia com a Mente Universal, entramos em sintonia com o Infinito, colocamos em operação a força mais poderosa existente, o poder criativo da Mente Universal. Isso, como tudo o mais, é governado pela Lei Natural, e esta lei é a "Lei da Atração", que determina que a mente é criativa e irá automaticamente se correlacionar com seu objeto e trazê-lo à manifestação.

29. Na semana passada dei a você um exercício para assegurar o controle do corpo físico; se conseguiu realizá-lo, está pronto para avançar. Desta vez começará a controlar o pensamento. Use sempre o mesmo cômodo, a mesma cadeira e a mesma posição, se possível. Caso não seja conveniente usar o mesmo recinto, faça o melhor uso possível das condições disponíveis. Agora fique perfeitamente imóvel como antes, porém inibindo qualquer pensamento. Isso lhe dará controle

LIÇÃO 2 **37**

sobre seus pensamentos de cautela, apreensão e medo e lhe permitirá só alimentar o tipo de pensamento que deseje. Continue a se exercitar até obter domínio completo.

30. Você não conseguirá fazer isso por mais que alguns momentos de cada vez, mas o exercício é valioso, por demonstrar de modo muito prático a grande quantidade de pensamentos que está constantemente tentando ganhar acesso a seu mundo mental.

31. Na próxima semana você receberá instruções para um exercício talvez um pouco mais interessante, mas antes precisa ter o domínio deste.

A relação de causa e efeito é tão absoluta e inexorável na esfera oculta do pensamento quanto no mundo das coisas visíveis e materiais. A mente é o mestre tecelão, tanto da vestimenta interior do caráter quanto da vestimenta exterior da circunstância.

— JAMES ALLEN

LIÇÃO 3

Já vimos que o individual pode atuar sobre o universal e o resultado dessa ação e interação é a causa e o efeito. Portanto, o pensamento é a causa e as experiências com que nos deparamos na vida são o efeito.

Elimine, portanto, qualquer possível tendência a se queixar de condições passadas ou presentes, porque cabe a você alterá-las e transformá-las naquilo que gostaria que elas fossem.

Canalize seus esforços para uma compreensão dos recursos mentais permanentemente à sua disposição, dos quais emerge todo o poder real e duradouro.

Persista nessa prática até entender o fato de que na vida não poderá haver fracasso na concretização de qualquer objetivo, bastando para isso que você compreenda seu poder e persista em seu objetivo, pois as forças da mente estão sempre prontas a servir a uma vontade deliberada em seu esforço de materializar pensamento e desejo em ações, acontecimentos e condições.

Como o início de cada função da vida e de cada ação é resultado do pensamento consciente, as ações habituais tornam-se automáticas e o pensamento que as controla se transfere

40 A CHAVE MESTRA

para o domínio do subconsciente; contudo, continua tão inteligente quanto antes. Elas precisam se tornar automáticas ou subconscientes para a Mente Autoconsciente poder se dedicar a outras questões. No entanto, as novas ações, por sua vez, se tornarão habituais, depois automáticas, em seguida subconscientes, para mais uma vez a mente poder ficar livre daquele detalhe e avançar rumo a novas atividades.

Quando você se conscientizar disso, terá encontrado uma fonte de poder que lhe permitirá lidar com qualquer situação passível de surgir na vida.

1. A necessária interação entre a Mente Consciente e a Mente Subconsciente requer uma interação similar entre os sistemas nervosos correspondentes. O juiz Troward nos informa sobre o belo método pelo qual essa interação se realiza. Ele afirma que o sistema nervoso central é o órgão da Mente Consciente, enquanto o sistema nervoso simpático é o órgão do subconsciente. O sistema nervoso central é o canal por onde recebemos percepções conscientes dos sentidos físicos e exercemos controle sobre os movimentos do corpo. Esse sistema nervoso tem seu centro no cérebro.

2. O sistema nervoso simpático tem como centro uma massa ganglionar localizada atrás do estômago e conhecida como Plexo Solar, o canal da ação mental que sustenta inconscientemente as funções vitais do corpo.

3. A conexão entre os dois sistemas é efetuada pelo nervo vago, que sai da região cerebral como uma parte do sistema voluntário, vai para o tórax, enviando ramos para o coração e os pulmões e finalmente, ao cruzar o diafragma, perde o revestimento externo e se identifica com os nervos do sistema nervoso simpático, formando assim uma ligação que conecta os dois e torna o ser humano fisicamente uma "única entidade".

LIÇÃO 3 41

4. Vimos que cada pensamento é recebido pelo cérebro, o órgão do consciente; ali o pensamento está submetido a nosso poder de raciocínio. Quando a Mente Objetiva se satisfaz quanto à validade do pensamento, este é enviado ao Plexo Solar, o cérebro da Mente Subjetiva, para ser transformado em nossa carne, para ser trazido ao mundo em forma de realidade. Então o pensamento já não está mais suscetível a qualquer discussão. A Mente Subconsciente não é capaz de argumentar; ela simplesmente age. Ela aceita como definitivas as conclusões da Mente Objetiva.

5. O Plexo Solar foi comparado ao Sol, no corpo, por ser o ponto central de distribuição da energia constantemente gerada pelo corpo. Essa energia é muito real e esse Sol é muito real. A energia é distribuída a todas as partes do corpo por nervos muito reais e é lançada na atmosfera em torno do corpo.

6. Se essa radiação for suficientemente forte, o indivíduo é chamado magnético; diz-se que ele está cheio de magnetismo pessoal. Uma pessoa assim pode exercer um imenso poder para o bem. Frequentemente sua mera presença traz conforto às mentes perturbadas com as quais entra em contato.

7. Quando o Plexo Solar está operando ativamente e irradiando vida, energia e vitalidade a todas as partes do corpo e a todas as pessoas com quem se encontra, as sensações são agradáveis, o corpo se enche de saúde e todos os que entram em contato com o indivíduo experimentam uma sensação agradável.

8. Se essa radiação for interrompida, as sensações serão desagradáveis, haverá interrupção no fluxo de vida e energia para alguma parte do corpo, e isso é a causa de todo o mal físico, mental e ambiental para a humanidade.

9. Mal físico, porque o Sol do corpo já não está gerando energia suficiente para vitalizar alguma parte do corpo; men-

42 A CHAVE MESTRA

tal, já que a Mente Consciente depende da Mente Subconsciente para a obtenção da vitalidade necessária a apoiar seu pensamento; e ambiental, porque se interrompe a conexão entre a Mente Subconsciente e a Mente Universal.

10. O Plexo Solar é o ponto no qual a parte encontra o todo, onde o finito vira infinito, onde o não criado se torna criado, onde o Universal é individualizado e o Invisível se torna visível. É o ponto no qual a vida aparece e não há limite para a quantidade de vida capaz de ser gerada por um indivíduo a partir desse centro solar.

11. Esse centro de energia é onipotente, por ser o ponto de contato com toda a vida e toda a inteligência. Consequentemente, ele pode realizar o que for instruído a realizar, e nisso consiste o poder da Mente Consciente; o subconsciente é capaz de concretizar quaisquer planos e ideias sugeridos a ele pela Mente Consciente.

12. Portanto, o pensamento consciente é o mestre desse centro solar, de onde fluem a vida e a energia do corpo inteiro. A qualidade do pensamento que nutrimos determina a qualidade do pensamento irradiado por esse Sol; o caráter do pensamento cogitado pela Mente Consciente irá determinar o caráter do pensamento irradiado por esse Sol; a natureza do pensamento com que nossa Mente Consciente está envolvida irá determinar a natureza do pensamento irradiado por esse Sol e consequentemente irá determinar a natureza da experiência resultante.

13. É evidente, portanto, que só precisamos deixar nossa luz brilhar; quanto mais energia pudermos irradiar, mais rapidamente seremos capazes de transmutar condições indesejáveis em fontes de prazer e ganho. A questão relevante, então, é como deixar essa luz brilhar; como gerar essa energia.

14. O pensamento sem resistência expande o Plexo Solar; o pensamento resistente o faz contrair-se. Pensamentos agradáveis o expandem; pensamentos desagradáveis o fazem contrair-se. Pensamentos de coragem, poder, confiança e esperança produzem um estado correspondente; mas o arqui-inimigo do Plexo Solar, que definitivamente precisa ser destruído para haver possibilidade de deixar brilhar a luz, é o medo. Esse inimigo precisa ser completamente destruído; precisa ser eliminado; deve ser expulso para sempre. Ele é a nuvem que oculta o Sol, causando uma obscuridade perpétua.

15. É esse o demônio pessoal que faz os homens temerem o passado, o presente e o futuro; temerem a si mesmos, a seus amigos e a seus inimigos; temerem tudo e a todos. Quando o medo for destruído de fato e por completo, você verá brilhar a própria luz, as nuvens serão dissipadas e você terá encontrado a fonte de poder, energia e vida.

16. Quando você perceber que realmente é uno com o Poder Infinito, e conseguir entender conscientemente esse poder graças a uma demonstração prática de sua capacidade de superar, pela força do pensamento, qualquer condição adversa, nada mais terá a temer. Destruído o medo, você terá a posse de seu direito hereditário.

17. Nossa atitude mental diante da vida é o que determina as experiências com que nos defrontaremos. Se esperarmos nada, teremos nada; se pedirmos muito, receberemos a maior porção. O mundo só é áspero quando deixamos de fazer valer nossos direitos. As críticas no mundo só são amargas para quem não consegue abrir espaço para as próprias ideias. O medo à crítica é o que faz muitas ideias deixarem de surgir à luz do dia.

44 A CHAVE MESTRA

18. Mas o homem que sabe ter um Plexo Solar não teme críticas nem qualquer outra coisa; ele estará muito ocupado irradiando coragem, confiança e poder; ele irá antecipar o sucesso por sua atitude mental; ele destruirá as barreiras e saltará por cima do abismo da dúvida e da hesitação que o medo coloca em seu caminho.

19. O conhecimento de nossa capacidade de conscientemente irradiar saúde, força e harmonia nos fará perceber que não há nada a temer por estarmos em contato com a Força Infinita.

20. Esse conhecimento só pode ser adquirido se tal informação for aplicada na prática. Aprendemos fazendo; é por meio da prática que o atleta se torna poderoso.

21. Como a próxima declaração tem uma importância considerável, irei expressá-la de várias formas, para você não deixar de entender plenamente o significado. A quem é religioso, direi que pode deixar sua luz brilhar. A quem se inclina para a Ciência Física, direi que pode despertar o Plexo Solar. Se preferir uma interpretação estritamente científica, direi que pode fazer uma impressão em sua Mente Subconsciente.

22. Já revelei qual será o resultado dessa impressão. Agora o que interessa a você é o método. Você já aprendeu que o subconsciente é inteligente e criativo, e que ele responde à vontade da Mente Consciente. Qual será então a maneira mais natural de fazer a impressão desejada? Concentre-se mentalmente no objeto de seu desejo — quando se concentra, você causa uma impressão no subconsciente.

23. Essa maneira, embora não seja a única, é simples e eficaz, além de ser a mais direta. Logo, é a maneira pela qual são obtidos os melhores resultados. Em vista dos extraordinários resultados produzidos pelo método, muitos acreditam que milagres estão sendo realizados.

LIÇÃO 3 **45**

24. É o método pelo qual todo grande inventor, todo grande financista ou todo grande estadista foi capaz de converter a força sutil e invisível do desejo, da fé e da confiança em fatos reais, tangíveis e concretos, no mundo objetivo.

25. A Mente Subconsciente faz parte da Mente Universal. A Universalidade é o princípio criativo do Universo — a parte deve ter o mesmo teor e qualidade do todo. Isso significa que esse poder criativo é absolutamente ilimitado; ele não é limitado por qualquer tipo de precedente e, consequentemente, não tem um padrão preexistente pelo qual aplica seu princípio construtivo.

26. Vimos que a Mente Subconsciente responde à nossa vontade consciente, logo, o poder criativo ilimitado da Mente Universal está sob o controle da Mente Consciente do indivíduo.

27. Ao fazer a aplicação prática desse princípio, de acordo com os exercícios propostos nas próximas aulas, cabe lembrar que não é necessário definir o método pelo qual a Mente Subconsciente irá produzir os resultados desejados. O finito não pode informar o Infinito. Você só precisa dizer o que deseja e não como irá obtê-lo.

28. Você é o canal pelo qual o não diferenciado está sendo diferenciado, e essa diferenciação está sendo realizada por apropriação. Basta o reconhecimento para mobilizar causas que farão surgir resultados em consonância com seu desejo, e isso se realiza porque o Universal só pode agir por meio do individual e o individual só pode agir por meio do Universal — eles são uma coisa só.

29. Para seu exercício dessa semana, vou lhe pedir que dê um passo à frente. Além de você ficar perfeitamente imóvel e inibir ao máximo todo pensamento, quero que relaxe, se solte,

46 A CHAVE MESTRA

deixe os músculos assumirem a condição normal deles; isso irá remover toda a pressão sobre os nervos e eliminar aquela tensão que com tanta frequência produz exaustão física.

30. O relaxamento físico é um exercício voluntário da vontade, e esse exercício se revelará de grande valor, já que permite ao sangue circular livremente entre o cérebro e o corpo.

31. A tensão causa inquietação mental e atividade mental anormal; ela produz preocupação, cuidados, medo e ansiedade. Portanto, o relaxamento é absolutamente necessário para permitir que as faculdades mentais exerçam o máximo de liberdade.

32. Faça esse exercício da maneira mais meticulosa e completa possível. Tome a decisão mental de relaxar cada músculo e cada nervo, até se sentir calmo, repousado e em paz consigo mesmo e com o mundo.

33. Então o Plexo Solar estará pronto a funcionar e você se surpreenderá com o resultado.

LIÇÃO 4

A LIÇÃO 4 LHE MOSTRARÁ POR QUE NOSSOS PENSAMENTOS, ações ou sentimentos são indícios do que somos.

O pensamento é energia e a energia é poder. Já que todas as religiões, ciências e filosofias conhecidas no mundo até hoje têm tomado por base a manifestação dessa energia, e não a própria energia, o mundo tem se limitado aos efeitos, enquanto as causas têm sido ignoradas ou mal compreendidas.

Por essa razão, temos Deus e o diabo na religião, o positivo e o negativo na ciência e o bem e o mal na filosofia.

A *chave mestra* inverte esse processo: ela só está interessada na causa. As cartas que recebemos dos estudantes contam uma história maravilhosa: sugerem cabalmente que eles estão encontrando a causa por meio da qual podem obter para si mesmos saúde, harmonia, abundância e tudo o mais potencialmente necessário ao bem-estar e à felicidade.

A vida é expressiva e cabe a nós nos expressar harmoniosa e construtivamente. Tristeza, sofrimento, infelicidade, doença e pobreza não são necessários, e constantemente nós os eliminamos.

48 A CHAVE MESTRA

Contudo, esse processo de eliminação consiste em se colocar acima e fora do alcance de qualquer tipo de limitação. Quem tiver fortalecido e purificado o próprio pensamento não precisa se preocupar com micróbios, e quem tiver logrado entender a Lei da Abundância terá acesso imediato à fonte de recursos.

É assim que a sorte, a fortuna e o destino serão controlados com a mesma facilidade com que um capitão controla um navio ou um maquinista controla um trem.

1. O "eu" não é o corpo físico; o corpo é apenas um instrumento utilizado pelo "eu" para alcançar seus objetivos. O "eu" não pode ser a mente, pois a mente é só mais um instrumento utilizado pelo "eu" para pensar, raciocinar e planejar.

2. O "eu" tem de ser algo capaz de controlar e dirigir tanto o corpo quanto a mente, algo capaz de determinar o que eles farão e como agirão. Quando você alcançar a compreensão da verdadeira natureza desse "eu", desfrutará um sentimento de poder que jamais experimentou.

3. Sua personalidade se compõe de incontáveis características individuais, peculiaridades, hábitos e traços de caráter; tudo isso é resultado do método de pensamento que você vem adotando, mas não tem relação alguma com o verdadeiro "eu".

4. Quando você diz "eu penso", o "eu" diz à mente o que ela deve pensar; quando diz "eu vou", o "eu" diz ao corpo físico aonde deve ir. A verdadeira natureza desse "eu" é espiritual e é a fonte do verdadeiro poder obtido por homens e mulheres quando chegam à compreensão de sua verdadeira natureza.

5. O poder maior e mais maravilhoso atribuído ao "eu" é o poder de pensar, mas poucas pessoas sabem como pensar construtiva ou corretamente. Por isso elas só obtêm resultados insignificantes. A maioria dos indivíduos deixa os pensamentos se prenderem a objetivos egoístas, resultado inevitável de uma mente infantil. Quando a mente amadurece, entende que cada pensamento egocêntrico contém o germe da derrota.

6. A mente treinada sabe que cada transação deve beneficiar de algum modo todos os envolvidos, e qualquer tentativa de lucrar com a fraqueza, a ignorância ou a necessidade alheia inevitavelmente trará desvantagem.

7. Isso ocorre porque o individual é parte do Universal. Uma parte não pode antagonizar outra; pelo contrário, o bem-estar de cada parte depende do reconhecimento do interesse do todo.

8. Aqueles que reconhecem esse princípio levam uma grande vantagem nos assuntos da vida. Eles não se exaurem. Podem eliminar com facilidade os pensamentos inúteis. Podem facilmente se concentrar em qualquer tema, no grau mais elevado possível. Não desperdiçam tempo nem dinheiro em objetos que não lhes tragam algum benefício.

9. Se você não é capaz de fazer isso, é porque até agora não fez o esforço necessário. Agora é o momento de fazê-lo. O resultado virá na exata proporção do esforço despendido. Uma das assertivas mais eficazes que você pode usar para fortalecer a vontade e concretizar seu poder de realização é: "Eu posso ser aquilo que quero ser."

10. Quando repetir essa assertiva, perceba quem é esse "eu"; tente lograr a compreensão total da verdadeira natureza do "eu". Se o fizer, você se tornará invencível. Ou seja, desde que você tenha objetivos construtivos e que estejam, consequentemente, em harmonia com o princípio criativo do Universo.

11. Se fizer uso dessa afirmação, faça-o continuamente, de manhã e à noite, e tantas vezes quantas se lembrar no decorrer

50 A CHAVE MESTRA

do dia. Continue a fazê-lo até ela se tornar parte de você; crie esse hábito.

12. Se não for assim, é melhor nem começar, pois, segundo nos revela a moderna psicologia, quando iniciamos algo e não completamos, ou quando tomamos uma decisão e deixamos de mantê-la, estamos formando o hábito do fracasso; fracasso absoluto, ignominioso. Se não tiver a intenção de fazer algo, não comece. Se começar, vá até o fim, nem que o Céu desabe. Se decidir fazer uma coisa, faça-a; não admita interferência de qualquer coisa nem de qualquer pessoa. Se o "eu" dentro de você determinou algo, aquilo está decidido; o dado foi lançado — não há mais discussão.

13. Se colocar em prática essa ideia, começando por pequenas coisas que você se vê capaz de controlar, e aumentando gradualmente o esforço, mas sem deixar, em nenhuma circunstância, que o "eu" seja desautorizado, com o tempo você se descobrirá capaz de controlar a si mesmo. Foi com tristeza que muitos homens e mulheres descobriram ser mais fácil controlar um reino que controlar a si mesmos.

14. Quando tiver aprendido a se controlar, você terá encontrado o "mundo interior" que controla o mundo exterior; você terá se tornado irresistível; homens e coisas atenderão a cada um de seus desejos sem nenhum esforço aparente.

15. Isso não é tão estranho ou impossível quanto talvez pareça, bastando lembrar que o "mundo interior" é controlado pelo "eu", e este, por sua vez, é parte do "Eu" Infinito, a Energia Universal ou o Espírito geralmente chamado de Deus.

16. Essa não é apenas uma afirmação ou teoria elaborada com o propósito de confirmar ou estabelecer uma ideia, mas um fato aceito pelo melhor pensamento religioso, assim como pelo melhor pensamento científico.

LIÇÃO 4   **51**

17. Herbert Spencer afirmou: "Dentre todos os mistérios a nosso redor, nada é mais certo do que estarmos na presença de uma Energia Infinita e Eterna da qual tudo procede."

18. Lyman Abbott, em uma palestra dirigida aos graduados do Bangor Theological Seminary, disse: "Estamos começando a pensar que Deus reside no homem, em vez de agir sobre o homem, de fora dele."

19. A ciência avança um pouco em sua busca e para. A ciência descobre a Energia Eterna sempre presente, mas a religião descobre o poder subjacente a essa energia e a situa dentro do homem. Essa não é, de modo algum, uma descoberta nova: a Bíblia diz exatamente a mesma coisa numa linguagem tão direta quanto convincente: "Não sabeis que sois o santuário do Deus vivente?" Eis aqui então o segredo do maravilhoso poder criativo do "mundo interior".

20. Esse é o segredo do poder, da mestria. Superar alguma coisa não significa abster-se dela. A abstinência não é sucesso. Sem adquirir não podemos distribuir; se não formos fortes, não poderemos ajudar. O Infinito não pode ser arruinado, e nós, representantes do Poder Infinito, também não podemos ser destituídos. Se desejarmos ser úteis aos outros, devemos ter poder e mais poder, mas para obtê-lo é preciso distribuí-lo: precisamos ser úteis.

21. Quanto mais doarmos, mais obteremos. Precisamos nos transformar no canal por meio do qual o Universal possa expressar atividade. Na constante busca de se expressar, de ser útil, o Universal procura o canal que lhe permita exercer o máximo de atividade, fazer o bem, prestar os maiores serviços à humanidade.

22. Enquanto você estiver ocupado com seus planos, com seus objetivos, o Universal não poderá se expressar por seu

52 A CHAVE MESTRA

intermédio. Acalme os sentidos, busque inspiração, volte para dentro o foco da atividade mental, repouse na consciência de sua unidade com a onipotência. "Águas tranquilas são profundas." Contemple as múltiplas oportunidades a que tem acesso graças à onipresença do poder.

23. Visualize os acontecimentos, as circunstâncias e as condições que essas conexões espirituais podem ajudar a manifestar. Entenda o fato de que a essência e a alma de todas as coisas são espirituais, e entenda que o espiritual é o real, porque ele é a vida de tudo o que existe. Quando o espírito se vai, a vida se vai; está morta; cessou de existir.

24. Essas atividades mentais pertencem ao mundo interior, ao mundo da causa; as condições e circunstâncias decorrentes são o efeito. É assim que você se torna um criador. Esse é um trabalho importante; e quanto maiores, mais imponentes, mais grandiosos e mais nobres forem os ideais concebidos por você, mais importante será o trabalho.

25. O excesso de trabalho, de diversão ou de atividade física de qualquer tipo produz condições de apatia mental e de estagnação, tornando impossível fazer o trabalho mais importante que resulta em percepção do poder consciente. Portanto, devemos com frequência procurar o silêncio. O poder vem do repouso; no silêncio, podemos estar quietos; nessa condição podemos pensar, e o pensamento é o segredo de toda conquista.

26. O pensamento é uma forma de movimento conduzido pela Lei da Vibração, tal como a luz e a eletricidade. Por meio da Lei do Amor, ele é vitalizado pelas emoções. Por meio da Lei do Crescimento, ele toma forma e expressão. Ele é um produto do "eu" espiritual, logo, sua natureza é divina, espiritual e criativa.

LIÇÃO 4 53

27. Tudo isso torna evidente que, para expressar poder, abundância ou qualquer outro propósito construtivo, as emoções devem ser chamadas a dar sentimento ao pensamento, para que ele tome forma. Como alcançar esse objetivo? Aí está o ponto vital: como podemos fomentar a fé, a coragem e o sentimento que resultarão em realizações?

28. A resposta é: pelo exercício. A força mental é obtida exatamente do mesmo modo como se obtém a força física — por meio de exercícios. Pensamos uma coisa, talvez com dificuldade na primeira vez; pensamos de novo a mesma coisa, e dessa vez é mais fácil. Pensamos vezes seguidas: ela então se torna um hábito mental. Se continuarmos a pensar a mesma coisa, finalmente ela se tornará automática. Já não poderemos mais evitar pensá-la; agora temos certeza do que pensamos; já não há dúvida alguma quanto àquilo. Temos certeza; nós sabemos.

29. Na semana passada pedi a você que relaxasse, que se soltasse fisicamente. Esta semana vou pedir que se solte mentalmente. Se você praticou por 15 ou vinte minutos ao dia o último exercício da Lição 3, de acordo com as instruções, certamente será capaz de relaxar fisicamente. Qualquer um que não seja capaz de fazer isso conscientemente, de maneira rápida e completa, não tem domínio sobre si mesmo. Não terá alcançado a liberdade; ainda será um servo das condições. Mas vou presumir que você tenha dominado o exercício e esteja pronto para o próximo passo, que é a liberdade mental.

30. Esta semana, depois de assumir a posição usual, remova toda a tensão por meio de um relaxamento completo e então abandone mentalmente todas as condições adversas, como qualquer tipo de ódio, raiva, preocupação, ciúme, inveja, tristeza, perturbação ou frustração.

31. Talvez você se ache incapaz de "abrir mão" dessas coisas, mas com intenção voluntária e persistência você poderá fazê-lo, bastando estar mentalmente decidido a tanto.

32. A razão de alguns não o conseguirem é se deixarem controlar pelas emoções e não pelo intelecto. Mas aqueles que se guiarem pelo intelecto alcançarão a vitória. Você poderá não ter sucesso na primeira tentativa, porém, nesse ponto, como em qualquer outro, a prática traz a perfeição. E você tem de ser capaz de dispensar, eliminar e destruir por completo tais pensamentos negativos e destrutivos, pois são as sementes que germinam o tempo todo sob forma de condições desarmônicas de todo tipo e espécie.

Nada há fato mais verdadeiro: a qualidade de pensamento que nutrimos se relaciona a certos fatores no mundo exterior. Essa é a Lei da qual não se pode escapar. E essa Lei, essa correlação do pensamento com seus objetos, foi o que desde tempos imemoriais levou os indivíduos à crença numa providência especial.

— WILMANS

LIÇÃO 5

Depois de estudar cuidadosamente a lição a seguir, você verá que cada força, objeto ou fato concebível é o resultado da mente em ação.

A mente em ação é o pensamento, e o pensamento é criativo. Hoje a humanidade pensa como jamais pensou.

Portanto, esta é uma era criativa e o mundo está recompensando os pensadores com os prêmios mais valiosos. A matéria é impotente, passiva, inerte; a mente é força, energia e poder. A mente molda e controla a matéria. Qualquer forma assumida pela matéria não é senão a expressão de algum pensamento preexistente.

Mas o pensamento não opera transformações mágicas; ele obedece às leis naturais. Ele movimenta as forças naturais, manifestando-se na conduta e nas ações que você empreende, e elas, por sua vez, atuam sobre seus amigos e conhecidos e, em última análise, sobre a totalidade de seu ambiente. Você pode dar origem a pensamentos, e já que os pensamentos são criativos, é possível criar para si mesmo aquilo que deseja.

1. Pelo menos noventa por cento de nossa vida mental é subconsciente. Portanto, quem deixa de fazer uso desse poder mental vive dentro de limites muito estreitos.

2. O subconsciente é capaz de resolver qualquer problema para nós, e fará isso se soubermos direcioná-lo. Os processos subconscientes estão sempre em operação e a questão é: devemos nos limitar a ser recipientes passivos dessa atividade ou devemos dirigir conscientemente esse trabalho? Devemos ter uma visão do destino a ser alcançado, dos perigos a serem evitados, ou devemos simplesmente seguir à deriva?

3. Vimos que a mente permeia cada parte do corpo físico e sempre pode ser dirigida ou impressionada pela autoridade que vem da porção objetiva ou mais dominante da mente.

4. A mente, que permeia o corpo, é sobretudo o resultado da hereditariedade. Esta, por sua vez, é apenas o resultado da ação de todos os ambientes de todas as gerações passadas sobre as forças vitais reativas e sempre mutantes. A compreensão desse fato nos possibilitará usar nossa autoridade diante da manifestação de algum traço de caráter indesejável.

5. Podemos usar conscientemente as características desejáveis de que fomos dotados, e podemos reprimir e rejeitar a manifestação das características indesejáveis.

6. Ou seja, essa mente que permeia o corpo físico não é só o resultado de tendências hereditárias, mas, sim, o produto do lar, dos negócios e do ambiente social nos quais recebemos milhares de impressões, ideias, preconceitos e pensamentos desse teor. Muitos deles foram recebidos de terceiros, produto de opiniões, sugestões ou afirmativas; muitos resultam de nosso pensamento; mas praticamente todos foram acolhidos com pouco ou nenhum exame ou análise.

LIÇÃO 5   **57**

7. A ideia parecia plausível. O consciente a recebeu, passou-a para o subconsciente, onde ela foi recolhida pelo sistema nervoso simpático e passada adiante para ser estruturada no corpo físico. "O Verbo se fez carne."

8. Essa é, então, a maneira pela qual estamos constantemente criando e recriando a nós mesmos. O que somos hoje é resultado de nossos pensamentos passados; nossos pensamentos de hoje são aquilo em que nos tornaremos. Em vez de nos trazer aquilo que nos agradaria, ou aquilo que desejamos, a Lei da Atração está nos trazendo "o que nos pertence", nossas criações conscientes ou inconscientes, fruto de nossos processos de pensamento. Infelizmente, muitos de nós estamos criando essas coisas de forma inconsciente.

9. Se eu ou você estivéssemos construindo uma casa para uso próprio, que cuidado teríamos com o projeto, como estudaríamos cada detalhe, como examinaríamos o material? Só escolhendo o melhor. E, no entanto, com que descuido agimos quando se trata de construir nosso Lar Mental, o qual é infinitamente mais importante que qualquer lar físico, pois qualquer coisa que possa entrar em nossa vida depende do caráter do material usado na construção de nosso Lar Mental.

10. Qual a qualidade desse material? Vimos que ele resulta das impressões acumuladas por nós no passado e armazenadas em nossa mentalidade subconsciente. Se tais impressões foram de medo, preocupação, angústia ou ansiedade, se foram melancólicas, negativas, vacilantes, então a textura do tecido urdido por nós hoje terá essa mesma qualidade negativa. Em vez de ser valioso, ele será mofado e apodrecido, e só nos trará mais agrura, apreensão e ansiedade. Estaremos eternamente ocupados na tentativa de remendá-lo e fazê-lo parecer pelo menos decente.

58 A CHAVE MESTRA

11. Contudo, se só tivermos armazenado pensamentos de coragem, se tivermos sido otimistas e positivos, descartando imediatamente qualquer associação com todo tipo de pensamento negativo, se tivermos recusado qualquer convívio ou identificação com ele, qual será o resultado? Nossa matéria-prima mental agora será da melhor espécie; poderemos tecer qualquer tipo de tecido desejado; poderemos usar qualquer cor imaginada. Saberemos que a trama é firme e o tecido resistente não irá desbotar. Não sentiremos medo ou ansiedade com relação ao futuro. Não haverá qualquer coisa a encobrir, remendo algum a esconder.

12. Esses são fatos psicológicos. Não há qualquer teoria ou especulação sobre esses processos de pensamento; não há segredo quanto a eles. Na verdade, são tão evidentes que qualquer um pode entendê-los. O que devemos fazer é uma limpeza mental. E fazer essa limpeza todo dia, manter a casa limpa. A higiene mental, moral e física é absolutamente indispensável se quisermos realizar qualquer grau de progresso.

13. Quando esse processo de limpeza mental tiver sido completado, o material obtido será adequado à construção do tipo de ideais ou imagens mentais que desejamos conceber.

14. Uma excelente propriedade aguarda um pretendente. Seu vasto território, com cultivos abundantes, água corrente e matas frondosas, se estende a perder de vista. Há uma mansão espaçosa e bonita, com quadros raros, uma vasta biblioteca, tapeçarias preciosas e todo conforto e luxo. O herdeiro só precisa invocar o direito de herança, tomar posse e usar a propriedade. Ele tem de usá-la: não pode deixar que entre em decadência, pois o uso é sua condição de posse, que será perdida se houver negligência.

15. No domínio da mente e do espírito, no domínio do poder prático, pertence a você um imóvel semelhante. Você é

LIÇÃO 5   **59**

o herdeiro! Você pode afirmar seu direito e possuir e utilizar essa rica herança. O poder sobre as circunstâncias é um dos frutos dela. Saúde, harmonia e prosperidade são ativos do balanço dela, que lhe oferece estabilidade e paz. Todo o custo para você consiste no trabalho de estudar e colher os grandes recursos que oferece. De você, ela não exige sacrifício, a não ser a perda das limitações, das servidões, da fraqueza. Ela o cobre de honra e lhe deposita um cetro nas mãos.

16. Para ganhar essa propriedade, são necessários três processos: desejá-la intensamente; afirmar seu desejo de posse; tomar posse.

17. Admita que essas condições não são onerosas.

18. Você não desconhece o tema da hereditariedade. Darwin, Huxley, Haeckel e outros cientistas da matéria acumularam uma montanha de provas que demonstram a hereditariedade como uma lei que ampara a criação progressiva. A hereditariedade progressiva é aquilo que dá ao homem a postura ereta, o poder de movimento, o funcionamento dos órgãos da digestão, a circulação sanguínea, a força nervosa, a força muscular, a estrutura óssea e outras numerosas faculdades, no aspecto físico. Temos fatos ainda mais notáveis referentes à hereditariedade da força mental. Tudo isso constitui o que pode ser chamado de sua hereditariedade humana.

19. Contudo, há uma hereditariedade ainda não compreendida pelos cientistas do mundo físico. Ela é subjacente e antecedente a todas as suas pesquisas. Quando eles erguem as mãos para os Céus em desespero, declarando-se incapazes de explicar o que veem, essa hereditariedade divina está em plena ação.

20. Ela é a força benigna que ordena a criação primal. Pulsando, ela baixa do Divino diretamente ao interior de cada

60 A CHAVE MESTRA

criatura. Ela dá origem à vida, algo que o cientista do mundo físico não realizou e jamais poderá realizar. Ela se destaca, suprema, entre todas as forças, inabordável. Nenhuma hereditariedade humana se compara a ela. Nenhuma hereditariedade humana pode igualar-se a ela.

21. Essa Vida Infinita flui dentro de você; ela é você. As portas dela são as faculdades que abrangem sua consciência. O segredo do poder é manter abertas essas portas. Não vale a pena fazer um esforço?

22. O fato crucial é que a fonte de toda a vida e de todo o poder é interna. Pessoas, circunstâncias e ocorrências podem indicar necessidades e oportunidades, mas a percepção, a força e o poder para responder a essas necessidades se encontram no interior de cada um.

23. Recuse imitações. Construa alicerces firmes para sua consciência sobre forças derivadas diretamente da fonte Infinita, a Mente Universal da qual você é a imagem e semelhança.

24. Aqueles que tomaram posse dessa herança nunca mais foram os mesmos. Eles tomaram posse de um sentimento de poder até então nunca sonhado. Nunca mais poderão ser tímidos, fracos, vacilantes ou receosos. Estão indissoluvelmente conectados com a Onipotência. Algo foi despertado dentro deles: subitamente se descobriram possuidores de uma tremenda habilidade latente da qual nunca tiveram inteira consciência.

25. Esse poder vem de dentro, mas só podemos recebê-lo se o doarmos. O uso é a condição para mantermos essa herança. Cada um de nós é apenas o canal por meio do qual o poder onipotente se diferencia em forma: se não doarmos, o canal será obstruído e não poderemos mais receber. Isso se aplica a qualquer plano da existência, a qualquer campo de atividade e a todas as estações da vida. Quanto mais doarmos, mais re-

LIÇÃO 5 **61**

ceberemos. O atleta que deseja ser forte precisa empregar bem a força que tem, e quanto mais ele gastar, mais receberá. O financista desejoso de ganhar mais dinheiro precisa empregar o dinheiro que tem, pois só assim irá conseguir mais.

26. O comerciante que não mantiver circulando seus bens, em breve não terá mais lucro algum; a empresa que não prestar serviços eficientes cedo ficará sem freguesia; ao advogado que não obtiver resultados, logo faltarão clientes, e assim será em toda parte. O poder depende do uso adequado daquele poder que já detemos. O que vale para todos os campos de atividade, para todas as experiências da vida, vale para o Poder Espiritual — o poder gerador de todas as outras formas de poder conhecidas pelo ser humano. Removido o espírito, o que restará? Nada.

27. Então, se o espírito é tudo que há, a capacidade de demonstrar todo poder — físico, mental ou espiritual — deve depender do reconhecimento desse fato.

28. Toda posse resulta de uma atitude acumulativa da mente, ou da consciência do dinheiro. Esta é a varinha mágica que irá capacitar você a receber a ideia, e irá formular planos para você executar, permitindo-lhe tanto prazer no desempenho quanto na satisfação de obter ganho e realização.

29. Agora, vá para seu cômodo, ocupe o mesmo assento na mesma posição de antes e escolha mentalmente um lugar que lhe traga associações agradáveis. Faça um completo retrato mental do lugar, veja as edificações, o terreno, as árvores, os amigos, as associações, tudo completo. No início, você se verá pensando em qualquer coisa, exceto no ideal em que deseja se concentrar. Mas não se deixe desanimar por isso. A persistência vencerá, mas ela exige que você pratique os exercícios todos os dias, sem falta.

LIÇÃO 6

A LIÇÃO 6 LHE DARÁ UM EXCELENTE ENTENDIMENTO DO mecanismo mais surpreendente já criado, um mecanismo pelo qual você pode gerar para si condições de saúde, força, sucesso, prosperidade ou qualquer outra que deseje.

As necessidades impõem exigências, que criam ação, e as ações trazem resultados. O processo de evolução cria constantemente para nós amanhãs derivados do hoje. O desenvolvimento individual, tal como o desenvolvimento Universal, deve ser paulatino, com capacidade e volume cada vez maiores.

O desrespeito aos direitos alheios nos converte em espinhos morais, propensos a nos enredar em obstáculos a cada passo do caminho, conhecimento que indica que o sucesso depende do ideal moral mais elevado, qual seja: "O maior bem para a maior quantidade de indivíduos." Aspirações, desejos e relações harmoniosas mantidas com constância e persistência trarão resultados. Ideias equivocadas e fixas são os maiores empecilhos.

Para estar afinados com a verdade eterna, devemos ter estabilidade e harmonia interior. Para receber informação, o receptor precisa estar sintonizado com o transmissor.

64 A CHAVE MESTRA

O pensamento é produto da mente, e a mente é criativa, porém não significa que o Universal irá mudar seu modo operacional em benefício nosso ou de nossas ideias. Significa, sim, que podemos entrar em relação harmoniosa com o Universal, e, quando o tivermos conseguido, poderemos pedir qualquer coisa que seja nosso direito e o caminho será facilitado.

1. Por ser tão maravilhosa a Mente Universal, fica difícil lhe entender os poderes utilitários, as possibilidades e os ilimitados efeitos produtivos.

2. Vimos que essa mente, além de ser toda inteligência, também é toda substância. Assim, como ela deve ser diferençada em forma? Como iremos obter os efeitos desejados?

3. Pergunte a qualquer eletricista qual será o efeito da eletricidade e ele responderá: "A eletricidade é uma forma de movimento e seu efeito dependerá do mecanismo ao qual ela esteja ligada." O mecanismo determinará se teremos calor, luz, potência, música ou qualquer outra demonstração maravilhosa de poder a cujo serviço foi posta essa energia vital.

4. Que efeito pode ser produzido pelo pensamento? A resposta é que o pensamento é a mente em movimento (assim como o vento é o ar em movimento), e seu efeito dependerá inteiramente do "mecanismo ao qual ele estiver ligado".

5. Eis aí o segredo de qualquer poder mental: ele depende inteiramente do mecanismo ao qual nós o associamos.

6. E qual é esse mecanismo? Temos algum conhecimento dos mecanismos que Edison, Bell, Marconi e outros magos da eletricidade inventaram, e pelos quais o lugar, o espaço e o tempo se tornaram apenas figuras de linguagem. No entanto, alguma vez você parou para pensar que o mecanismo que recebeu para transformar o Poder Potencial Universal e Onipresente foi criado por um inventor maior que Edison?

7. Estamos acostumados ao exame do mecanismo dos implementos que empregamos no cultivo do solo e tentamos entender o mecanismo do carro que dirigimos, mas, em grande parte, nos contentamos em permanecer absolutamente ignorantes sobre o maior mecanismo existente: o cérebro humano.

8. Vamos examinar as maravilhas desse mecanismo. Talvez assim possamos entender melhor os diversos efeitos dos quais ele é a causa.

9. Em primeiro lugar, existe o grande mundo mental em que vivemos, nos movimentamos e temos nosso ser. Trata-se de um mundo onipotente, onisciente e onipresente, que responderá a nosso desejo na razão direta do propósito e da fé que tivermos. O propósito deve estar de acordo com a lei do nosso ser, deve ser criativo ou construtivo. Nossa fé deve ser intensa a ponto de gerar uma corrente de força suficiente para manifestar nosso propósito. A expressão "Como for tua fé, assim faça-se contigo" tem o selo do teste científico.

10. Os efeitos produzidos no mundo exterior resultam da ação e da reação do indivíduo no Universal; esse é o processo a que damos o nome de pensar. O cérebro é o órgão pelo qual esse processo se realiza. Pense na maravilha de tudo isso! Você ama a música, as flores, a literatura ou é inspirado pelo pensamento da genialidade passada ou presente? Lembre-se, para cada beleza a que você reage deve existir em seu cérebro um esboço correspondente, que lhe permita apreciá-la.

11. No armazém da natureza não há uma só virtude, ou um só princípio, que o cérebro não consiga expressar. O cérebro é um mundo embrionário, pronto a se desenvolver a qualquer momento, bastando surgir a necessidade. Se você puder ver isso como uma verdade científica e uma das fantásticas leis

66 A CHAVE MESTRA

da natureza, será mais fácil entender o mecanismo pelo qual se concretizam esses resultados extraordinários.

12. O sistema nervoso foi comparado a um circuito elétrico, com uma bateria de onde se origina a força, e a substância branca do cérebro foi comparada aos fios condutores dessa corrente. Esses canais conduzem todo impulso ou desejo pelo interior do mecanismo.

13. A medula espinhal é o grande motor e a trilha sensorial por onde as mensagens são conduzidas para dentro e para fora do cérebro. Além disso, há o suprimento de sangue circulando por veias e artérias e renovando nossa energia e nossa força; a estrutura perfeitamente organizada sobre a qual repousa todo o corpo físico; e, finalmente, a pele delicada e bela, que recobre o mecanismo inteiro com um manto de beleza.

14. Este é, portanto, o "Templo do Deus vivo", cujo controle foi recebido pelo "eu" individual. O resultado irá depender da compreensão que o "eu" tenha do mecanismo sob seu controle.

15. Cada pensamento aciona as células cerebrais; inicialmente, a substância para a qual o pensamento é dirigido não responde, mas, se os pensamentos forem suficientemente refinados e concentrados, a substância finalmente cede e se expressa com perfeição.

16. Essa influência da mente pode ser exercida sobre qualquer parte do corpo, causando a eliminação de qualquer efeito indesejável.

17. A perfeita concepção e compreensão das leis que governam o mundo mental não podem deixar de ter um valor inestimável nas transações comerciais, já que desenvolvem o poder de discernimento, dando objetividade para o entendimento e a avaliação dos fatos.

18. O homem que olha para dentro, em vez de olhar para fora, não pode deixar de fazer uso de forças poderosas. Estas acabarão por lhe determinar o curso na vida, fazendo-o vibrar com tudo o que há de melhor, mais forte e mais desejável.

19. A atenção ou concentração é provavelmente o mais importante elemento mínimo no desenvolvimento da cultura da mente. As possibilidades da atenção, quando devidamente canalizadas, são tão surpreendentes que dificilmente parece-riam verossímeis para o não iniciado. Característica distintiva de todo indivíduo de sucesso, homem ou mulher, o cultivo da atenção é a mais alta realização pessoal a alcançar.

20. O poder da atenção pode ser mais prontamente en-tendido se o compararmos a uma lente de aumento na qual se concentram os raios solares. Se a lente estiver em movimento, com os raios dispersados de um lado para outro, estes não terão potência especial. Entretanto, se a lente for mantida em perfeita imobilidade e os raios, concentrados no mesmo ponto por algum tempo, o efeito imediatamente se tornará palpável.

21. O mesmo ocorre com o poder do pensamento. Se o poder for dissipado por força da dispersão de pensamentos entre um objeto e outro, nenhum resultado será perceptível. Mas se esse poder for concentrado por meio da atenção ou da concentração num só objetivo, durante algum tempo, nada será impossível.

22. Uma solução muito simples para uma situação muito complexa, dirão alguns. Pois bem, faça a tentativa, você que não tem experiência alguma em concentrar o pensamento num objetivo ou objeto definido. Escolha qualquer objeto específico e concentre nele sua atenção com um objetivo de-finido, nem que seja por dez minutos. Você não conseguirá fazê-lo. A mente se dispersará dezenas de vezes e será neces-

68 A CHAVE MESTRA

sário trazê-la de volta ao objetivo original. Cada vez que isso se der, o efeito terá sido perdido e no fim de dez minutos nada terá sido ganho, porque você não foi capaz de manter firme o pensamento no objetivo.

23. No entanto, por meio da atenção, você finalmente poderá superar qualquer tipo de obstáculo em seu caminho para diante ou para o alto, e a única forma de adquirir esse poder magnífico é pela prática — a prática faz a perfeição, tanto nesse quanto em qualquer outro objetivo.

24. Para cultivar o poder da atenção, pegue uma fotografia e leve-a consigo para o mesmo lugar de sempre, no mesmo cômodo, e sente-se na mesma posição. Examine-a atentamente durante pelo menos dez minutos: observe a expressão dos olhos, a forma das feições, as roupas, o penteado; de fato, observe cuidadosamente cada detalhe exibido na fotografia. Agora cubra o retrato, feche os olhos e tente visualizá-lo mentalmente. Se for capaz de ver cada detalhe perfeitamente e tiver formado uma boa imagem mental da fotografia, parabéns. Caso contrário, repita o processo até conseguir.

25. Esse passo visa à preparação do solo; na próxima semana estaremos prontos para semear.

26. É por meio dos exercícios que você finalmente será capaz de controlar seus estados mentais, suas atitudes e sua consciência.

27. A cada dia que passa, os grandes financistas estão aprendendo a se afastar do tumulto e a dispor de mais tempo para planejar, pensar e gerar as atitudes mentais corretas.

28. Os empresários de sucesso constantemente demonstram que vale a pena estar em contato com o pensamento de outros homens do mesmo naipe.

29. Uma única ideia pode valer milhões de dólares. E só terá tais ideias quem for receptivo, quem estiver pronto a recebê-las, quem estiver num padrão mental de sucesso.

30. Os homens estão aprendendo a se colocar em harmonia com a Mente Universal. Estão aprendendo a unidade de todas as coisas, os métodos e princípios básicos de pensamento, e isso está mudando as condições e multiplicando os resultados.

31. Ao descobrir que as circunstâncias e o ambiente seguem a tendência do progresso mental e espiritual, veem que o crescimento acompanha o conhecimento; a ação se segue à inspiração; a oportunidade se segue à percepção. O espiritual sempre vem antes, e então vem a transformação nas infinitas e ilimitadas possibilidades de realização.

32. Como o individual é apenas o canal para a diferenciação do Universal, essas possibilidades são necessariamente inexauríveis.

33. O pensamento é o processo pelo qual podemos absorver o Espírito do Poder e manter o resultado em nossa consciência interior, até ele se tornar uma parte de nossa consciência comum. Conforme explicamos neste sistema, o método utilizado para alcançar tal resultado, mediante a prática persistente de alguns princípios fundamentais, é a chave mestra que destranca o depósito da Verdade Universal.

34. Em nossos dias, a doença física e a angústia mental são as duas grandes fontes de sofrimento humano. Ambas podem ser prontamente associadas à violação de alguma lei natural. Isso ocorre, sem dúvida, pelo fato de o conhecimento até agora ter permanecido parcial em grande parte, mas as nuvens da escuridão que se acumularam durante longas eras estão começando a se afastar, e com elas muitas das misérias decorrentes da informação incompleta.

70   A CHAVE MESTRA

*A possibilidade de um homem mudar a si mesmo, se aperfei-
çoar, se recriar, controlar o ambiente e dominar o próprio destino
é a conclusão a que chega toda mente que esteja bem desperta
para o poder do pensamento correto em ação construtiva.*

— LARSEN

LIÇÃO 7

No decorrer de todas as eras, o homem acreditou num poder invisível por meio do qual e pelo qual tudo foi criado e está sendo constantemente recriado. Podemos personalizar esse poder e dar-lhe o nome de Deus, ou podemos vê-lo como essência ou espírito que permeia tudo, mas em ambos os casos o efeito é o mesmo.

No tocante à esfera individual, o objetivo, o físico, o visível é o pessoal, aquele cuja cognição se pode ter pelos sentidos. Ele se compõe de corpo, cérebro e nervos. O subjetivo é o espiritual, o invisível, o impessoal.

O pessoal é consciente, por ser uma entidade pessoal. O impessoal, por ser da mesma espécie e qualidade de todos os outros Seres, não tem consciência de si; logo, foi denominado subconsciente.

O pessoal ou consciente tem o poder da volição e o da escolha feita. Consequentemente, pode exercer a discriminação na escolha dos métodos pelos quais viabiliza a solução de problemas.

O impessoal ou espiritual, por ser uma parte da fonte e uno com ela, e também origem de todo poder, necessariamente

72 A CHAVE MESTRA

não pode exercer escolhas, mas, ao contrário, tem a seu dispor recursos infinitos. Ele pode trazer resultados e o faz por métodos de que a mente humana ou individual não pode ter a menor ideia.

Portanto, você verá que é prerrogativa sua contar com a vontade humana, com todas as suas limitações e equívocos, ou utilizar as potencialidades do Infinito pelo emprego da Mente Subconsciente. Eis aqui, então, a explicação científica do poder maravilhoso cujo controle lhe foi dado, bastando apenas compreendê-lo, valorizá-lo e reconhecê-lo.

Nesta lição esquematizamos um método de uso consciente desse poder onipotente.

1. A visualização é o processo de criação de imagens mentais, e a imagem é o molde — ou modelo — que servirá de padrão do qual emergirá seu futuro.

2. Crie um padrão organizado e bonito. Não tenha medo: faça-o grandioso. E lembre-se de que ninguém, a não ser você mesmo, pode lhe impor limitações. Você não está limitado pelo custo ou pelos materiais. Busque os suprimentos no Infinito, construa o padrão em sua imaginação: é onde ele precisa estar, antes de aparecer em qualquer outro lugar.

3. Construa a imagem nítida e definida, mantenha-a firme em sua mente e você irá trazê-la gradual e constantemente para mais perto de si. Você pode ser aquilo que "você quiser ser".

4. Esse é outro fato psicológico bem conhecido, mas infelizmente ler sobre ele não vai trazer qualquer um dos resultados que você talvez tenha em mente; não vai sequer ajudá-lo a formar a imagem mental, muito menos fazê-la se manifestar. É necessário trabalho — árduo trabalho mental, o tipo de esforço em que tão poucos estão dispostos a se empenhar.

LIÇÃO 7   **73**

5. O primeiro passo é a idealização. É também o passo mais importante, porque é a planta a ser usada na construção. Ela deve ser sólida, deve ser permanente. Quando projeta um edifício de trinta andares, o arquiteto esboça antecipadamente cada traço e cada detalhe. O engenheiro, quando lança uma ponte sobre um abismo, assegura-se primeiro dos requisitos de resistência de um milhão de partes individuais.

6. Eles enxergam o final, antes de terem dado um único passo. Da mesma forma, você deve criar na mente a imagem do que deseja; você está semeando, mas antes de lançar qualquer semente ao solo é preciso saber como será a safra. Isso é a idealização. Se não estiver seguro, volte à sua cadeira diariamente, até a imagem se tornar nítida. Ela se revelará de forma gradual: no início, o plano geral será indistinto, mas ele tomará forma, o esboço surgirá. Depois virão os detalhes e você irá gradualmente adquirir o poder que lhe permitirá formular planos. Com o tempo, os planos se materializarão no mundo objetivo. Você saberá o que o futuro lhe reserva.

7. Após, vem a etapa da visualização. Você precisa ver a imagem cada vez mais completa, ver os detalhes; e quando eles começarem a se definir, as formas e os meios para trazê-los à manifestação irão se revelar. Uma coisa levará à outra. O pensamento leva à ação, a ação gera os métodos, os métodos fazem surgir amigos, os amigos criarão as circunstâncias e finalmente terá sido realizado o terceiro passo, a materialização.

8. Todos reconhecemos que o Universo deve ter sido modelado no pensamento antes de poder se transformar num fato material. E se estamos dispostos a seguir o exemplo do Grande Arquiteto do Universo, veremos nossos pensamentos tomarem forma, assim como o Universo assumiu uma forma concreta. E é essa mesma mente que opera por meio do indiví-

74   A CHAVE MESTRA

duo. Não há diferença de tipo ou qualidade; a única diferença é o grau.

9. O arquiteto visualiza seu edifício, ele o enxerga com a aparência que deseja. Esse pensamento se transforma num molde plástico do qual o edifício em algum momento emergirá, alto ou baixo, belo ou corriqueiro. A visão do arquiteto toma forma no papel e finalmente o material necessário é utilizado e o edifício fica pronto.

10. Assim também o inventor visualiza sua ideia. Nikola Tesla,* por exemplo, dotado de um intelecto poderoso, um dos maiores inventores de todos os tempos, o homem que concretizou as realidades mais surpreendentes, sempre visualizava suas invenções antes de tentar construí-las. Ele não se precipitou a lhes dar forma e depois despender tempo corrigindo defeitos. Tendo construído primeiramente a ideia na imaginação, ele a mantém como uma imagem mental, para ser reconstruída e aprimorada por seu pensamento. "Dessa forma", escreve ele em *Electrical Experimenter*, "posso desenvolver e aperfeiçoar rapidamente um conceito sem tocar em nada. Quando avancei a ponto de ter incluído na invenção todos os melhoramentos que consigo imaginar, e não vejo defeito algum, concretizo o produto do meu cérebro. Invariavelmente, meu aparato funciona como imaginei. Em vinte anos, não houve sequer uma exceção".

11. Se você for capaz de seguir conscienciosamente essas instruções, desenvolverá a fé, o tipo de fé que é "a certeza de coisas esperadas, a evidência de fatos invisíveis". Você adquirirá confiança, o tipo de confiança que promove resistência e

---

* Nikola Tesla (1856-1943), engenheiro eletricista, físico e inventor dos circuitos trifásicos, entre outros. [*N. da T.*]

LIÇÃO 7 **75**

coragem; você desenvolverá o poder de concentração e este lhe permitirá excluir todos os pensamentos, exceto aqueles relacionados a seu objetivo.

12. Segundo a lei, o pensamento se manifestará como uma forma, e só quem souber ser o pensador divino dos próprios pensamentos poderá assumir o lugar de Mestre e falar com autoridade.

13. A compreensão e a exatidão só são obtidas pela manutenção repetida da imagem na mente. Cada ação repetida torna mais nítida e precisa a imagem, em comparação com a precedente, e a manifestação externa será proporcional à nitidez e à precisão da imagem. Você deverá construí-la com firmeza e segurança em seu mundo mental, o mundo interior, antes de ela tomar forma no mundo exterior. Você não conseguirá construir nada valioso, mesmo no mundo mental, se não dispuser o material adequado. De posse dele, você poderá construir qualquer coisa, mas assegure-se da qualidade. Não se pode tecer casimira utilizando fio de estopa.

14. Esse material será produzido por milhões de trabalhadores mentais silenciosos e estruturado na forma da imagem que você tiver em mente.

15. Pense nisso! Você tem cinco milhões desses trabalhadores mentais, preparados e ativamente utilizados — chamados de células cerebrais. Além disso, há outra reserva de força pelo menos tão numerosa, pronta a ser posta em ação à menor necessidade. Então seu poder de pensar é quase ilimitado e isso significa que é praticamente ilimitado seu poder de criar o tipo de material necessário para construir para si qualquer tipo de ambiente desejado.

16. Além desses milhões de trabalhadores mentais, você tem bilhões de trabalhadores mentais no corpo, cada um

76 A CHAVE MESTRA

deles dotado de inteligência suficiente para entender qualquer mensagem ou sugestão dada e agir com base nela. Essas células estão ativamente criando e recriando o corpo; além disso, são dotadas de atividade física pela qual conseguem atrair a si a substância necessária para um desenvolvimento perfeito.

17. Elas o fazem de acordo com a mesma lei e da mesma maneira pela qual toda forma de vida atrai para si o material necessário ao crescimento. O carvalho, a rosa, o lírio, todos eles, para sua mais perfeita expressão, precisam de um determinado material e o obtêm pela exigência silenciosa, a Lei da Atração, a forma mais segura de você conseguir o necessário para o seu desenvolvimento mais completo.

18. Construa a imagem mental. Faça-a nítida, distinta, perfeita. Guarde-a com firmeza. As formas e os meios surgirão, os suprimentos atenderão à demanda, você será levado a fazer a coisa certa no momento certo e da forma certa. O desejo fervoroso trará a expectativa confiante, e esta, por sua vez, deve ser reforçada pela solicitação firme. Esses três não podem deixar de trazer a realização, porque o desejo fervoroso é o sentimento, a expectativa confiante é o pensamento e a solicitação firme é a vontade. E, como vimos, o sentimento dá vitalidade ao pensamento e a vontade o mantém firme até que a Lei do Crescimento o faça manifestar-se.

19. Não é maravilhoso o homem ter dentro de si tão imenso poder, faculdades tão transcendentais de que ele nem suspeitava? Não é estranho que sempre nos ensinaram a buscar "lá fora" a força e o poder? Fomos ensinados a procurar em todo lugar, menos "aqui dentro", e cada vez que esse poder se manifestou em nossa vida, informaram-nos de que se tratava de algo sobrenatural.

LIÇÃO 7   77

20. Muitos chegaram à compreensão do poder maravilhoso e fizeram esforços sérios e conscienciosos para concretizar saúde, poder e outras condições, mas aparentemente falharam. Pelo visto, não foram capazes de fazer funcionar a lei. Em praticamente todos os casos, o problema é que estão lidando com superficialidades. Desejam dinheiro, poder, saúde e abundância, mas não percebem que são apenas efeitos e só podem ser obtidos quando se encontra a causa.

21. Quem não der atenção ao mundo exterior buscará apenas avaliar a verdade, buscará somente a sabedoria e descobrirá que esta se revelará e mostrará a fonte de todo o poder, e se manifestará em pensamento e propósito, os quais irão criar as desejadas condições externas. A verdade se expressará no objetivo nobre e na ação corajosa.

22. Crie somente ideais, não se prenda a condições externas, construa um belo e opulento mundo interior e o mundo exterior irá expressar e manifestar a condição que você tem dentro de si. Você alcançará a percepção de seu poder de criar ideais, e eles se projetarão no mundo dos efeitos.

23. Por exemplo, um homem tem dívidas. Ele ficará o tempo todo pensando na dívida, concentrado nela; como os pensamentos são causas, ele não só trará a dívida para mais perto de si, como ainda criará, de fato, uma dívida maior. Ele está colocando em operação a grande Lei da Atração com o resultado habitual e inevitável — uma perda leva a uma "perda" maior.

24. Então, qual é o princípio correto? Concentre-se naquilo que deseja e não naquilo que não deseja. Pense na abundância; idealize os métodos e planos para fazer funcionar a Lei da Abundância. Visualize a condição que a Lei da Abundância cria: isso resultará na manifestação.

78   A CHAVE MESTRA

25. Se para quem abriga continuamente pensamentos de carência e medo a lei opera perfeitamente para gerar pobreza, carência e toda forma de limitação, ela certamente irá operar da mesma forma para trazer condições de abundância e opulência a quem entretiver pensamentos de coragem e poder.

26. Esse é um problema difícil para muitos: somos ansiosos demais, manifestamos ansiedade, medo, angústia. Queremos realizar coisas, queremos ajudar. Somos como a criança que planta uma semente e a cada 15 minutos mexe na terra para ver se a semente está crescendo. É óbvio que nessas circunstâncias ela nunca irá germinar. No entanto, muitos fazemos exatamente isso no mundo mental.

27. Devemos plantar a semente e deixá-la tranquila. Isso não significa de forma alguma ficarmos sentados sem fazer nada. Trabalharemos mais e melhor do que antes, pois novos canais serão constantemente fornecidos, novas portas se abrirão. Só é necessário ter a mente aberta e estar pronto para agir no momento certo.

28. A força do pensamento é o meio mais poderoso de obter conhecimento. Concentrada em qualquer objeto, ela irá resolver o problema. Nada está além do poder da compreensão humana, mas é preciso trabalhar para dominar a força do pensamento e fazer com que preste serviços.

29. Lembre-se: o pensamento é o fogo que cria o vapor que, por sua vez, faz girar a roda da fortuna, de que dependem as experiências do indivíduo.

30. Faça algumas perguntas a si mesmo e então aguarde reverentemente a resposta. De vez em quando você não sente a companhia do ser? Você o avalia ou segue a maioria? Lembre-se de que as maiorias sempre são conduzidas, elas jamais conduzem. A maioria lutou veementemente contra a máquina

LIÇÃO 7 79

a vapor, o tear mecânico e todos os outros avanços ou revoluções que já foram sugeridos.

31. Como exercício desta semana, visualize seu amigo, veja-o exatamente como o viu pela última vez, veja o cômodo, os móveis, recorde a conversa; agora veja o rosto dele, distintamente; então fale com ele sobre algum assunto de interesse dos dois; veja a expressão dele mudar, veja-o sorrir. Você é capaz de fazer isso? Tudo bem, você é. Então desperte o interesse dele, conte-lhe uma história de aventuras, veja-lhe os olhos se acenderem com o espírito de alegria ou a excitação. Você é capaz de fazer tudo isso? Se for, você tem uma boa imaginação e está progredindo muito.

LIÇÃO 8

Nesta lição você descobrirá que, mesmo sendo capaz de escolher livremente no que pensar, o resultado do pensamento é governado por uma lei imutável! Essa não é uma ideia maravilhosa? Não é maravilhoso saber que nossa vida não está sujeita a qualquer tipo de capricho ou variabilidade? Elas são governadas por leis. Essa estabilidade é a nossa oportunidade, porque se agirmos segundo a lei poderemos obter com precisão invariável o resultado desejado.

A lei transforma o Universo num grande hino de harmonia. Se não fosse por ela, o Universo seria caos, em vez de ser cosmo.

Portanto, eis o segredo da origem do bem e do mal: todo bem e todo mal existentes são os que sempre existiram ou existirão.

Deixe-me exemplificar: o pensamento redunda em ação. Se o pensamento for construtivo e harmonioso, o resultado será bom; se for destrutivo ou dissonante, o resultado será mau.

Logo, não há senão uma lei, um princípio, uma causa, uma Fonte de Poder — e bem e mal são apenas palavras criadas para indicar o resultado de nossas ações ou nossa adesão ou desobediência a essa lei.

82 A CHAVE MESTRA

A importância disso é bem ilustrada pelas vidas de Emerson e Carlyle. Emerson amava o bem e sua vida foi uma sinfonia de paz e harmonia; Carlyle odiava o mal e sua vida foi uma crônica de perpétua discórdia e desarmonia.

Temos aqui dois grandes homens, decididos a alcançar o mesmo ideal, mas um utiliza o pensamento construtivo e consequentemente está em harmonia com a Lei Natural, enquanto o outro utiliza o pensamento destrutivo e, dessa forma, atrai para si toda espécie de conflito.

Portanto, fica evidente que não devemos odiar nada, nem mesmo o "mal", porque o ódio é destrutivo, e logo descobriremos que, ao nutrir pensamentos destrutivos, estamos semeando "ventos" e vamos colher "tempestades".

1. Por ser o princípio criativo do Universo, o pensamento contém um princípio vital e por natureza se combinará a outros pensamentos similares.

2. Como o propósito fundamental da vida é o crescimento, todos os princípios subjacentes à existência devem contribuir para esse efeito. Portanto, o pensamento toma forma e a Lei do Crescimento acaba por levá-lo à manifestação.

3. Você pode escolher livremente o que pensar, mas o resultado de seu pensamento é governado por uma lei imutável. Qualquer linha de pensamento mantida com pertinácia não pode deixar de produzir resultado sobre o caráter, a saúde e a situação do indivíduo. Daí terem importância primária os métodos graças aos quais podemos substituir pelos hábitos de pensamento construtivo os que produzem apenas efeitos indesejáveis.

4. Todos nós sabemos que isso não é fácil. Os hábitos mentais são difíceis de controlar, mas é possível fazê-lo e para isso urge começar de vez a substituir o pensamento destrutivo pelo pensamento construtivo. Crie o hábito de analisar cada pensa-

LIÇÃO 8 **83**

mento. Se ele for necessário, se sua manifestação objetiva trouxer benefício não só a você, mas a todos os que ele possa atingir de algum modo, mantenha-o, valorize-o, pois ele tem valor, está em sintonia com o Infinito e irá crescer, se desenvolver e produzir frutos às centenas. Por sua vez, vale lembrar a citação de George Matthews Adams: "Aprenda a manter fechada a porta, a manter fora de sua mente, fora de seu escritório e fora de seu mundo todo elemento que peça para entrar e não tenha um objetivo útil bem definido."

5. Se seu pensamento foi crítico ou destrutivo e resultou numa condição de conflito ou de desarmonia em seu ambiente, talvez seja necessário cultivar uma atitude mental favorável ao pensamento construtivo.

6. A imaginação se mostrará de grande auxílio nesse sentido; o cultivo da imaginação leva ao desenvolvimento do ideal do qual emergirá seu futuro.

7. A imaginação reúne o material usado pela mente para tecer o pano com que seu futuro será vestido.

8. A imaginação é a luz que nos faculta divisar novos mundos de pensamento e experiência.

9. A imaginação é o poderoso instrumento com o qual todo descobridor, todo inventor, abriu caminho entre o precedente e a experiência. O precedente afirmou: "Não pode ser feito." A experiência contrapôs: "Está feito."

10. A imaginação é um poder plástico, que molda os objetos dos sentidos em novas formas e novos ideais.

11. A imaginação é a forma construtiva do pensamento que necessariamente precede toda forma construtiva de ação.

12. Um construtor não pode construir qualquer tipo de estrutura sem ter recebido as plantas do arquiteto, e este precisa buscá-las na própria imaginação.

84 A CHAVE MESTRA

13. Um industrial não consegue construir uma empresa gigantesca, que talvez coordene centenas de empresas menores e milhares de empregados, e utilize milhões de dólares de capital, se não tiver criado na imaginação a estrutura inteira. Os objetos do mundo material são como a argila nas mãos do oleiro: é na Mente Criadora que os objetos reais são construídos e o trabalho é feito com o uso da imaginação. Esta, para ser cultivada, deve ser exercitada. O músculo mental, assim como o músculo físico, precisa de exercício para seu cultivo. Ele deve receber alimento; caso contrário, não poderá crescer.

14. Não confunda Imaginação com Fantasia, nem com a forma de devaneio em que alguns se comprazem. O devaneio é uma forma de dissipação mental passível de levar à derrocada da mente.

15. A imaginação construtiva implica trabalho mental, que alguns consideram o mais pesado; porém, mesmo assim, é um trabalho que traz as maiores recompensas, já que na vida as grandes coisas foram alcançadas por homens e mulheres com capacidade de pensar, imaginar e transformar o sonho em realidade.

16. Quando você tiver total consciência de que a mente é o único princípio criativo, de que é onipotente, onisciente e onipresente, e de que você, pelo poder do pensamento, consegue entrar conscientemente em harmonia com essa onipotência, terá dado um passo enorme no rumo certo.

17. O próximo passo é colocar-se em posição de receber esse poder. Como é onipresente, ele precisa estar dentro de você. Sabemos que é assim por termos ciência de que todo poder vem de dentro. Mas ele precisa ser desenvolvido, desdobrado, cultivado. Para isso, precisamos ser receptivos, e essa receptividade, tal como a força física, é adquirida por meio de exercício.

LIÇÃO 8   **85**

18. Certa e infalivelmente, a Lei da Atração trará a você as condições, o ambiente e as experiências correspondentes à sua atitude mental habitual, característica e predominante. O importante não é o que você pensa vez ou outra quando está na igreja, ou quando acabou de ler em um bom livro, e sim sua atitude mental predominante.

19. Não é possível passar dez horas diárias cultivando pensamentos fracos, prejudiciais ou negativos e esperar produzir condições belas, fortes e harmoniosas após dez minutos de pensamento criativo, forte e positivo.

20. O verdadeiro poder vem de dentro. Todo poder passível de uso pelo homem está dentro dele, à espera de se tornar visível no momento em que ele o reconhecer, afirmar-se dono dele e trabalhá-lo na consciência até os dois se tornarem um só.

21. As pessoas dizem que querem uma vida abundante, e de fato a querem. Contudo, muitas interpretam isso como sinal de que, se exercitarem os músculos ou respirarem cientificamente, comerem certos alimentos de determinado jeito, beberem tantos copos de água diários numa temperatura específica, alcançarão a almejada vida farta. Não importa o resultado desses métodos. Contudo, o homem, quando acorda para a verdade e afirma ser uno com toda a vida, constata que passa a ter o olhar límpido, o passo elástico, o vigor da juventude; descobre que encontrou a fonte de todo poder.

22. Todos os erros são causados pela ignorância. O crescimento e a evolução são determinados pela aquisição de conhecimento e pelo poder resultante. O que constitui o poder é o reconhecimento e a demonstração de conhecimento, e este é o Poder Espiritual, o que está no âmago de todas as coisas; ele é a alma do Universo.

86 A CHAVE MESTRA

23. Esse conhecimento resulta da capacidade de pensar do ser humano. Portanto, o pensamento é o germe da evolução consciente do homem. Quando este para de progredir nos pensamentos e ideais, suas forças começam imediatamente a se desintegrar e sua aparência aos poucos vai registrando essas condições alteradas.

24. Os homens bem-sucedidos fazem questão de manter os ideais correspondentes às condições que desejam fomentar. Eles guardam na mente, o tempo todo, o próximo passo necessário à concretização do ideal por que estão lutando. Os pensamentos são o material com o qual eles constroem e a imaginação é sua oficina mental. A mente é a força em eterno movimento à qual recorrem para atrair pessoas e circunstâncias necessárias à consecução de sua estrutura de sucesso. A imaginação é a matriz com que todas as grandes coisas são elaboradas.

25. Se você tem sido fiel a seu ideal, ouvirá o chamado quando as circunstâncias estiverem prontas para materializar seus planos, e os resultados corresponderão na medida exata de sua fidelidade ao ideal. Este, quando mantido fielmente, predetermina e atrai as condições necessárias à sua realização.

26. Desse modo, você pode tecer a indumentária de espírito e poder na trama de sua existência inteira; assim você poderá levar uma vida encantada e ficar para sempre protegido de todo o mal; assim você poderá se tornar uma força positiva a atrair para si as condições de opulência e harmonia.

27. Esse é o fermento que está gradualmente permeando a consciência geral e responde em larga escala pelas condições de inquietação vistas por toda parte.

28. Na parte anterior, você criou uma imagem mental, trazendo-a do invisível para o visível. Esta semana quero que

LIÇÃO 8   87

tome um objeto e o siga de volta à origem, vendo em que ele realmente consiste. Se fizer isso, você desenvolverá a imaginação, a visão, a percepção e a sagacidade. Essas qualidades não resultam da observação superficial da diversidade, mas, sim, de uma aguda observação analítica que enxerga sob a superfície.

29. Poucos sabem que as coisas visíveis constituem apenas os efeitos, e poucos entendem as causas que os levaram a ser produzidos.

30. Sentado na posição habitual, visualize um navio de guerra. Veja esse monstro sinistro flutuar na superfície da água. Aparentemente, não há vida alguma nele, tudo é silêncio. Você sabe que a maior parte do navio está submersa, fora do alcance da visão, e que ele é tão grande e pesado quanto um edifício de vinte andares. Sabe que há nele centenas de homens prontos a instantaneamente se adiantarem para atender às obrigações determinadas. Sabe que cada departamento está a cargo de oficiais capazes, treinados, habilidosos, cuja competência para assumir o controle desse mecanismo maravilhoso já foi provada. Sabe que, embora pareça indiferente a tudo, ele conta com olhos capazes de ver tudo num círculo de quilômetros e nada lhe escapa à visão atenta. Sabe que, embora ele pareça tranquilo, submisso e inocente, está preparado para lançar um projétil de aço de muitas toneladas sobre um inimigo a quilômetros de distância. Tudo isso e muito mais você pode trazer à mente sem qualquer esforço. Mas como o navio de guerra chegou a esse lugar? Antes de tudo, como ele se originou? Se você for um observador atento, precisa saber tudo isso.

31. Siga as grandes placas de aço pelas fundições, veja os milhares de homens empregados em sua produção; recue

88 A CHAVE MESTRA

mais um pouco e veja o minério saindo da mina, veja-o ser carregado em barcos ou vagões, veja-o ser fundido e adequadamente tratado; recue ainda mais e veja o arquiteto e os engenheiros que projetaram o navio; deixe o pensamento recuar ainda mais e determinar por que eles o projetaram. Você verá que agora recuou até tornar o navio algo intangível, sem existência, só um pensamento no cérebro do arquiteto. Mas de onde veio a ordem para ele ser projetado? Talvez do secretário de defesa. Mas esse navio provavelmente foi planejado muito antes de se pensar em uma guerra e o Congresso precisou aprovar um projeto, alocando a verba. Provavelmente houve oposição e discursos contra e a favor do projeto. Quem esses congressistas representam? Eles representam você e eu, de modo que nossa linha de pensamento começa com um navio de guerra e termina em nós mesmos, e descobrimos que em última análise nosso pensamento é responsável por essa e muitas outras coisas sobre as quais pouco pensamos. Um pouco mais de reflexão irá revelar o fato mais importante de todos, ou seja: se alguém não tivesse descoberto a lei pela qual essa tremenda massa de aço e ferro foi posta a flutuar sobre a água, em vez de afundar imediatamente, o navio de guerra nunca poderia existir.

32. A lei em questão é: "A gravidade específica de qualquer substância é igual à massa de qualquer volume dessa substância comparada a um volume equivalente de água." A descoberta dessa lei revolucionou todo tipo de viagem oceânica, de comércio e de atividade bélica, permitindo a existência do navio de guerra, dos porta-aviões e dos navios de cruzeiro.

33. Você verá como são valiosos os exercícios desse teor. Quando o pensamento é treinado para olhar sob a superfície, tudo assume uma aparência diferente: o insignificante se torna

LIÇÃO 8   **89**

significativo; o tedioso se torna interessante; coisas supostamente sem importância revelam-se como as únicas realmente
vitais na existência.

*Contemple o dia de hoje, pois ele é vida, a verdadeira vida da
vida. Em seu breve decurso, encontram-se todas as verdades e
realidades de nossa existência: a bem-aventurança do crescimento; a glória da ação; o esplendor da beleza. Pois o ontem
é apenas um sonho e o amanhã é apenas uma visão, mas o
hoje bem vivido faz do ontem um sonho de felicidade e de cada
amanhã uma visão de esperança. Portanto, olhe com atenção
para este dia!*

— DO SÂNSCRITO

LIÇÃO 9

Nesta lição você pode aprender a elaborar as ferramentas para construir para si qualquer situação desejada. Se você quiser mudar suas condições, precisa mudar a si mesmo. Seus caprichos, desejos, suas fantasias, ambições podem ser contrariados a cada passo, mas, tão certo quanto da semente nasce a planta, seus pensamentos mais íntimos encontrarão expressão.

Suponha que desejemos mudar nossas circunstâncias — como iremos fazê-lo? A resposta é simples: por meio da Lei do Crescimento. A causa e o efeito são tão absolutos e invariáveis na esfera oculta do pensamento quanto no mundo das coisas materiais.

Tenha em mente a situação desejada; afirme-a como um fato já existente. Isso indica o valor de uma afirmação poderosa. Pela repetição constante, ela se torna parte de nós. E estaremos de fato mudando a nós mesmos e nos transformando no que desejamos ser.

O caráter não é um produto do acaso, mas o resultado do esforço continuado. Se você for tímido, vacilante, inseguro, excessivamente ansioso ou atormentado por pensamentos de

92 A CHAVE MESTRA

medo ou perigo iminente, lembre-se do axioma "Dois objetos não podem ocupar o mesmo lugar ao mesmo tempo".

Exatamente o mesmo se aplica ao mundo mental e espiritual, de modo que a solução nitidamente consiste em substituir os pensamentos de medo, carência e limitação por pensamentos de coragem, poder e autoconfiança.

A forma mais fácil e natural de fazê-lo é selecionar uma afirmação que pareça se aplicar a seu caso em particular.

O pensamento positivo destruirá o negativo com a mesma certeza com que a luz destrói a escuridão; o resultado será igualmente eficaz.

A ação é o florescer do pensamento e as situações são resultados da ação, de modo que o tempo todo você tem a posse das ferramentas com as quais irá segura e inevitavelmente favorecer ou prejudicar a si mesmo. A alegria, ou o sofrimento, será a recompensa.

1. Apenas três coisas podem ser desejadas no "mundo exterior" e cada uma delas pode ser encontrada no "mundo interior". O segredo para encontrá-las é simplesmente aplicar o "mecanismo" adequado de ligação com o poder onipotente, ao qual todo indivíduo tem acesso.

2. As três coisas que toda a humanidade deseja, necessárias à sua mais alta expressão e ao seu completo desenvolvimento, são a saúde, a riqueza e o amor. Todos admitirão que a Saúde é absolutamente essencial; ninguém pode ser feliz se o corpo físico estiver sofrendo. Nem todos admitirão tão prontamente que a riqueza é necessária, mas todos têm de admitir a necessidade de pelo menos um suprimento suficiente de recursos. O que um pode considerar suficiente outro poderia ver como carência absoluta e dolorosa. Como a natureza não se limita a prover o suficiente, mas provê com abundância, prodigalidade, generosi-

LIÇÃO 9   93

dade, percebemos que qualquer carência ou limitação é apenas o produto de um método artificial de distribuição.

3. Todos provavelmente irão admitir que o amor é a terceira necessidade. Talvez para alguns ele seja o primeiro elemento essencial à felicidade humana. De qualquer forma, quem possui saúde, riqueza e amor nada mais encontra para acrescentar a seu quinhão de felicidade.

4. Vimos que a matéria Universal é "toda saúde", "toda riqueza" e "toda amor", e que o mecanismo de ligação pelo qual podemos conscientemente nos conectar com o Suprimento Infinito faz parte de nosso método de pensar. Portanto, pensar corretamente é entrar no "Esconderijo do Altíssimo".

5. O que devemos pensar? Se soubermos a resposta, teremos encontrado o mecanismo de ligação adequado que nos relacionará a "toda e qualquer coisa que desejemos". Quando eu o revelar, esse mecanismo talvez pareça muito simples. Mas continue a ler — você descobrirá que na realidade ele é a "chave mestra"; ou a "lâmpada de Aladim", se assim lhe parecer. Você descobrirá que ele é o alicerce, a condição compulsória, a lei absoluta do bem-fazer, que significa bem-estar.

6. Para pensar corretamente, com exatidão, precisamos conhecer a "Verdade". A verdade, então, é o princípio subjacente a toda relação comercial ou social. Ela é a condição que precede toda ação correta. Conhecer a verdade, estar seguro, estar confiante, traz uma satisfação incomparável. É o único terreno sólido em um mundo de dúvida, conflito e perigo.

7. Saber a Verdade é estar em harmonia com o Poder Infinito e Onipotente. Saber a verdade, portanto, implica conectar-se com um poder irresistível que afastará qualquer tipo de discórdia, desarmonia, dúvida ou erro, porque "A verdade é poderosa e prevalecerá".

94 A CHAVE MESTRA

8. O intelecto mais humilde pode facilmente prever o resultado de qualquer ação, se souber que ela se baseia na verdade. Entretanto, o intelecto mais poderoso, a mente mais ampla e incisiva, quando suas esperanças se baseiam numa premissa que sabe ser falsa, perde o rumo inutilmente e não consegue conceber os prováveis resultados.

9. Cada ação que não está em harmonia com a verdade, seja por ignorância, seja por intenção, resultará em conflito e numa perda proporcional à sua abrangência e qualidade.

10. Como poderemos, então, conhecer a verdade para nos ligar a esse mecanismo que nos associará com o Infinito?

11. Não cometeremos erros nesse ponto se soubermos que a verdade é o princípio vital da Mente Universal, e é onipresente. Por exemplo, se você pedir saúde, a compreensão de que o "eu" em você é espiritual, de que todo espírito é um só, e que onde estiver uma parte ali estará o todo, criará a condição de saúde, já que cada célula do corpo deve manifestar a verdade como você a vê. Caso você veja doença, as células manifestarão a doença. Caso você veja perfeição, elas manifestarão perfeição. A afirmativa "Eu sou íntegro, perfeito, forte, poderoso, amoroso, harmonioso e feliz" criará condições harmoniosas, porque essa afirmativa está estritamente de acordo com a verdade, que, quando surge, faz necessariamente desaparecer qualquer forma de erro ou discordância.

12. Você viu que o "eu" é espiritual; necessariamente, ele não poderá deixar de ser perfeito. Portanto, a afirmativa "Eu sou íntegro, perfeito, forte, poderoso, amoroso, harmonioso e feliz" é uma declaração científica precisa.

13. O pensamento é uma atividade espiritual e o espírito é criativo; logo, o resultado de manter esse pensamento na men-

LIÇÃO 9   95

te irá necessariamente concretizar as condições harmonizadas com ele.

14. Se você pedir riqueza, a compreensão de que o "eu" em você é um só com a Mente Universal, que é toda riqueza e é onipotente, irá ajudá-lo a ativar a Lei da Atração, que o fará vibrar com as forças criadoras do sucesso e geradoras de condições de poder e afluência, na proporção direta do caráter e do propósito de sua afirmativa.

15. A visualização é o mecanismo de ligação de que você precisa. A visualização é muito diferente do processo de ver. Ver é um fenômeno físico, portanto relacionado ao mundo objetivo, ou "mundo exterior"; a visualização é produto da imaginação, logo, um produto da Mente Subjetiva, do "mundo interior". Consequentemente, ela possui vitalidade e irá crescer. O elemento visualizado será manifestado de forma palpável. O mecanismo é perfeito, foi criado pelo Mestre Arquiteto, que "faz tudo bem", mas infelizmente o operador às vezes é inexperiente ou pouco eficaz. Contudo, a prática e a determinação permitirão superar essa deficiência.

16. Se você pedir amor, tente perceber que a única maneira de obter amor é dando amor e, quanto mais você der, mais obterá. E a única forma de dar amor é se encher dele, até virar um ímã. O método foi explicado em outra aula.

17. Quem tiver aprendido a colocar as grandes verdades espirituais em contato com as coisas ditas menores terá descoberto o segredo para a solução desse problema. Nós sempre amadurecemos e tornamo-nos mais sensatos quando nos aproximamos das grandes ideias, dos grandes acontecimentos, dos grandes objetos naturais e dos grandes homens. Consta que Lincoln despertava o sentimento que temos ao nos aproximar de uma montanha, sentimento que se confirma

96 A CHAVE MESTRA

intensamente ao tomarmos conhecimento de que ele captou coisas eternas, o poder da verdade.

18. É por vezes inspirador ouvir falar de quem efetivamente testou esses princípios, de quem os demonstrou na própria vida. Uma carta de Frederick Andrews nos oferece a seguinte visão:

19. Eu tinha uns 13 anos quando o hoje falecido doutor T. W. Marsee disse à minha mãe: "Não há nenhuma esperança, Sra. Andrews. Perdi meu filhinho exatamente assim, depois de ter feito todo o possível por ele. Fiz um estudo especial desses casos e sei que não há possibilidade de que ele se recupere."

20. Ela se voltou para ele e perguntou: "Doutor, o que o senhor faria se ele fosse seu filho?" O médico respondeu: "Eu lutaria, e lutaria, enquanto houvesse um sopro de vida pelo qual lutar."

21. Foi o início de uma longa batalha, com muitos altos e baixos, e todos os médicos concordando que não havia chance de cura, mas nos encorajando e animando tanto quanto possível.

22. Mas finalmente a vitória chegou, e de um inválido raquítico, curvado e retorcido, que se movia sobre as mãos e os pés, eu me tornei um homem forte, ereto e bem formado.

23. Sei que você quer a fórmula e vou dá-la tão sucinta e rapidamente quanto possível.

24. Criei para mim uma afirmativa com as qualidades de que mais necessitava, e a repetia sem cessar: "Sou íntegro, perfeito, forte, poderoso, amoroso, harmonioso e feliz." Repeti essa afirmativa, sempre a mesma, sem variações, até ser capaz de acordar no meio da noite repetindo "Sou íntegro, perfeito, forte, poderoso, amoroso, harmonioso e feliz". Era a última frase que tinha nos lábios à noite e a primeira ao amanhecer.

25. Eu a afirmava para mim, e também para outros que eu sabia precisarem dela. Quero enfatizar esse ponto. O que você desejar para si afirme também para outros e irá ajudar a ambos. Nós colhemos o que plantamos. Se emitirmos pensamentos de amor e saúde, eles voltarão a nós como o pão atirado às águas. Mas se emitirmos pensamentos de medo, preocupação, ciúme, raiva, ódio etc., colheremos o correspondente em nossa vida.

26. Costumava-se afirmar que a cada sete anos o homem é completamente reconstruído, mas alguns cientistas já dizem que nós nos reconstruímos por inteiro a cada 11 meses. Assim, nós só temos, na realidade, 11 meses de idade. Se, ano após ano, ficarmos instaurando de novo os defeitos em nosso corpo, só poderemos culpar a nós mesmos.

27. O homem é a soma total de seus pensamentos. Por conseguinte, a questão é: como manter apenas os pensamentos bons e rejeitar os maus? A princípio, não podemos impedir que surjam os maus pensamentos, mas podemos evitar alimentá-los. A única solução é esquecê-los, ou seja, substituí-los por outra coisa. É aí que entra em jogo uma afirmativa pré-fabricada.

28. "Quando um pensamento de raiva, ciúme, medo ou preocupação se insinuar, comece a repetir sua afirmativa. O caminho para combater a escuridão é usar a luz; para combater o frio, o calor; para superar o mal, o bem. Pessoalmente, nunca obtive qualquer ajuda da negação. Afirme o bem e então o mal desaparecerá." — Frederick Elias Andrews.

29. Se você necessitar de alguma coisa, será bom fazer uso dessa afirmativa. Ela não pode ser melhorada. Use-a exatamente como é. Leve-a consigo para o silêncio até ela mergulhar em seu subconsciente, de modo a poder usá-la em qualquer lugar, no carro, no escritório, em casa. Essa é a van-

98 A CHAVE MESTRA

tagem dos métodos espirituais: eles estão sempre disponíveis. O espírito é onipresente, sempre preparado. Só precisamos do devido reconhecimento à sua onipotência e a disposição e o desejo de nos converter em recipiente de seus efeitos benéficos.

30. Se em nossa atitude mental predominarem o poder, a coragem, a vontade e a simpatia, veremos nosso meio ambiente refletir situações correspondentes a esses pensamentos. Se a atitude mental for predominantemente fraca, crítica, invejosa e destrutiva, nós o veremos refletir situações correspondentes a esses pensamentos.

31. Os pensamentos são as causas, enquanto as circunstâncias são os efeitos. Aí está a explicação da origem do bem e do mal. O pensamento é criativo e vai se correlacionar automaticamente com o objeto. Essa é uma lei cosmológica (uma Lei Universal), a Lei da Atração, a Lei de Causa e Efeito. O reconhecimento e a aplicação dessa lei determinarão tanto o princípio quanto o fim. É a lei graças à qual, em todas as épocas e em todos os tempos, os indivíduos foram levados a acreditar no poder da prece. "Seja feito segundo a tua fé" é apenas uma maneira diferente, mais sucinta e melhor de descrever isso.

32. Esta semana, visualize uma planta; escolha uma flor, aquela que você mais admira. Traga-a do invisível para o visível, plante a semente minúscula, regue-a, cuide dela, coloque-a onde possa receber os raios do Sol matinal. Veja a semente brotar: agora ela é uma coisa viva, algo que está vivo e começando a buscar meios de subsistência. Veja as raízes penetrarem a terra, veja-as se propagarem para todo lado. Lembre-se de que elas são células vivas a se dividir e subdividir, e que logo serão milhões, cada célula inteligente sabendo o que quer e como consegui-lo. Veja o caule se projetar para fora e para cima, veja-o romper a superfície da terra, veja-o dividir-se e formar os ramos, veja como são perfeitos e simétricos os ramos formados; veja começarem a se formar as folhas, e depois as pequeninas hastes, cada uma sustentando um botão. E veja o botão começar a desabrochar e sua flor favorita surgir. E agora, se você se concentrar firmemente, tomará consciência de um aroma. É o perfume emitido pela flor, enquanto a brisa embala, delicada, a bela criação que você visualizou.

33. Quando conseguir tornar nítida e completa sua visão, você estará capacitado a entrar no espírito das coisas. Elas se tornarão muito reais para você. Você estará aprendendo a se concentrar e o processo é o mesmo, quer se concentre em saúde, na flor favorita, num ideal, numa proposta comercial complicada, quer se concentre em qualquer outro problema da vida.

34. Cada vez que o sucesso foi alcançado, deveu-se à persistente concentração no objeto em questão.

O pensamento é vida, pois quem não pensa não vive, em qualquer sentido elevado ou real. O pensamento faz o homem.

— A. B. Alcott

LIÇÃO 10

Se você compreender perfeitamente as ideias contidas nesta lição, aprenderá que nada acontece sem uma causa definida. Você será capaz de formular seus planos de acordo com conhecimentos precisos. Saberá como controlar qualquer situação utilizando as causas adequadas. Quando vencer — e você vencerá —, saberá exatamente por que venceu.

O homem comum, que não tem conhecimento preciso de causa e efeito, é governado pelos sentimentos ou pelas emoções.

Ele pensa principalmente para justificar as próprias ações. Se fracassar nos negócios, diz que não teve sorte. Se não gostar de música, afirma que a música é um luxo dispendioso. Se for um modesto empregado de escritório, afirma que teria mais sucesso num trabalho ao ar livre. Se não tiver amigos, diz que sua individualidade é delicada demais para ser apreciada.

Ele nunca pensa num problema até as últimas consequências. Em suma: ignora que cada efeito é o resultado de certa causa definida, e procura se consolar com explicações e desculpas. Só pensa em se defender.

Em contrapartida, o homem que entende que não há efeito sem uma causa correspondente, pensa de forma impessoal. Ele

102   A CHAVE MESTRA

vai à raiz dos fatos, quaisquer que sejam as consequências, e está livre para seguir a trilha da verdade, leve para onde levar. Ele vê toda questão com objetividade, atende às exigências por inteiro e com honestidade, e o resultado é que o mundo lhe dá tudo o que tem em termos de amizade, honra, amor e aprovação.

1. A abundância é uma lei natural do Universo. As provas dessa lei são conclusivas, nós as vemos em toda parte. Em todo lugar, a natureza é generosa, pródiga, extravagante. Em nenhuma parte da criação se observa economia. Em tudo se manifesta a profusão. Os milhões e milhões de árvores, flores, plantas e animais, assim como o vasto esquema de reprodução no qual se repete incessantemente o processo de criação e recriação, tudo indica a prodigalidade com que a natureza cria recursos para o homem. Evidentemente, há abundância para todos, mas também é óbvio que muitos deixam de participar da fartura. Esses ainda não perceberam a universalidade de toda substância, e que a mente é o princípio ativo pelo qual nos relacionamos aos objetos desejados.

2. Toda riqueza é filha do poder. As posses só têm valor quando conferem poder. Os acontecimentos só são significativos se afetarem o poder. Todas as coisas representam formas e graus de poder.

3. O conhecimento de causa e efeito revelado pelas leis que governam a eletricidade, a afinidade química e a gravitação permite ao homem planejar corajosamente e executar de modo destemido. Essas leis são chamadas Leis Naturais, porque governam o mundo físico, mas nem todo poder é físico. Também temos o Poder Mental e o Poder Moral e Espiritual.

4. O Poder Espiritual é superior porque existe em um plano mais elevado. Ele permitiu ao homem descobrir a lei graças à qual essas forças maravilhosas da natureza puderam ser controladas e levadas a fazer o trabalho de centenas ou milhares de homens. Também permitiu a descoberta das leis que aniquilaram o tempo e o espaço e permitiram superar a Lei da Gravitação. A operação dessa lei depende de contato espiritual, como bem expressou Henry Drummond:

5. "No mundo físico conhecido por nós, há o orgânico e o inorgânico. O mundo inorgânico ou mineral é absolutamente isolado do mundo das plantas e dos animais; a passagem é hermeticamente fechada. Essas barreiras nunca foram cruzadas. Não há uma alteração de substância, uma modificação do meio ambiente, uma química, uma eletricidade, uma forma de energia ou tipo de evolução que possa jamais dar o atributo da vida a um só átomo do mundo mineral."

6. "Somente quando se introduz nesse mundo morto alguma forma de vida, esses átomos inertes podem ser dotados das propriedades da vitalidade; sem esse contato com a vida, eles permanecem para sempre fixados na esfera inorgânica. Huxley afirma que a doutrina da biogênese (só a vida gera vida) é vitoriosa em toda a linha. E Tyndall, constrangido, disse: 'Afirmo, é lógico, não haver nenhuma evidência confiável capaz de provar que a vida em nossos dias surgiu independente de uma vida anterior.'"

7. "As leis da física podem explicar os fenômenos inorgânicos, a biologia explica e justifica o desenvolvimento da matéria orgânica, mas sobre o ponto de contato a ciência silencia. Uma passagem similar existe entre o mundo natural e o mundo espiritual. Pelo lado natural, essa passagem está hermeticamente fechada. A porta está trancada, ninguém pode abri-la, nenhuma alteração orgânica, nenhuma energia mental, nenhum esforço moral, nenhum tipo de progresso pode permitir a um ser humano entrar no mundo Espiritual."

104 A CHAVE MESTRA

8. Mas, tal como a planta penetra no mundo mineral e o influencia com os mistérios da vida, também a Mente Universal penetra a mente humana e lhe confere qualidades novas, estranhas, assombrosas e até mesmo maravilhosas. Todos os homens e mulheres que alcançaram realizações no mundo da indústria, do comércio ou da arte chegaram a tais resultados mediante esse processo.

9. O pensamento é o elo entre o Infinito e o finito, entre o Universal e o individual. Vimos que entre o mundo orgânico e o inorgânico há uma barreira impenetrável, e para a matéria a única maneira de poder desabrochar é impregnar-se de vida. Quando a semente mergulha no mundo mineral e começa a se desenvolver e a avançar para fora, a matéria morta começa a viver, mil dedos invisíveis começam a tecer um ambiente adequado para a recém-chegada, e, à medida que a Lei do Crescimento começa a entrar em vigor, vemos o processo continuar até que o lírio finalmente aparece e "nem Salomão, em toda a sua glória, se vestiu como qualquer um deles".

10. Mesmo assim, se deixarmos um pensamento cair na substância invisível da Mente Universal — a substância de que são criadas todas as coisas —, então, quando o pensamento criar raízes, a Lei do Crescimento entrará em vigor e veremos que as condições e o ambiente são apenas as formas objetivas de nosso pensamento.

11. Segundo a lei, o pensamento é uma forma vital e ativa de energia dinâmica que tem o poder de se correlacionar com seu objeto e fazer com que a matéria invisível de que são criadas todas as coisas venha a brotar para o mundo visível ou objetivo. Essa é a lei segundo a qual tudo se manifesta; é a chave mestra que nos autoriza a entrar no Esconderijo do Altíssimo e nos "dá o domínio sobre todas essas coisas". Com

LIÇÃO 10   **105**

uma compreensão dessa lei, você poderá "determinar algum negócio, e ele se manterá firme".

12. Não poderia ser de outra forma: se a alma do Universo que conhecemos é o Espírito Universal, então o Universo é simplesmente a condição que o Espírito Universal criou para si. Nós somos apenas o espírito individualizado e estamos criando as condições para nosso crescimento, exatamente da mesma maneira.

13. Esse poder criativo depende de reconhecermos o poder potencial do espírito ou da mente e não deve ser confundido com a evolução. A criação é o ato de trazer à existência o que não existe no mundo objetivo. A evolução é simplesmente o desdobramento das potencialidades das coisas que já existem.

14. Ao nos aproveitar das possibilidades maravilhosas que nos são facultadas pelo funcionamento desta lei, devemos lembrar que não damos a menor contribuição à sua eficácia, como disse o Grande Mestre: "Não sou eu quem faz as obras; mas o Pai, que permanece em mim, é quem faz suas obras." Devemos assumir exatamente a mesma posição: não podemos fazer coisa alguma para ajudar a manifestação; simplesmente aceitamos a lei e a mente que tudo cria trará o resultado.

15. O grande erro de nossos dias é a ideia de que o homem precisa dar origem à inteligência por meio da qual o Infinito pode agir para concretizar um objetivo ou resultado específico. Nada disso é necessário; podemos confiar que a Mente Universal encontrará os meios de realizar a manifestação necessária. Entretanto, precisamos criar o ideal, e esse ideal deve ser perfeito.

16. Como sabemos, as leis que governam a eletricidade foram formuladas de tal forma que, para nosso benefício e conforto, esse poder invisível é controlado e utilizado de milhares

106 A CHAVE MESTRA

de modos. Sabemos que mensagens são transmitidas em todo o mundo, que máquinas gigantescas cumprem sua tarefa, que agora praticamente todo o mundo é iluminado, mas também sabemos que, se conscientemente ou por ignorância violarmos essa lei tocando um fio desencapado, ou desprotegido, o resultado será desagradável e possivelmente desastroso. A falta de compreensão das leis que governam o mundo invisível tem o mesmo resultado, e muitos sofrem as consequências o tempo todo.

17. Conforme já foi explicado, a Lei da Causalidade depende da existência da polaridade e que um circuito precisa ser formado. Isso não pode ocorrer se não operarmos em harmonia com a lei. Como poderemos fazê-lo se não soubermos como é a lei? Como poderemos conhecê-la? Pelo estudo, pela observação.

18. Em toda parte vemos a lei em funcionamento. A natureza inteira dá testemunho da operação da lei ao se expressar constante e silenciosamente de acordo com a Lei do Crescimento. Onde há crescimento, deve haver vida; onde há vida, deve haver harmonia, de modo que tudo o que tem vida está constantemente atraindo para si as condições e os suprimentos necessários à sua mais completa expressão.

19. Se seu pensamento estiver em harmonia com o princípio criativo da natureza, ele estará sintonizado com a Mente Infinita e formará um circuito — não devolverá você ao vazio. Mas se seus pensamentos não estiverem em sintonia com o Infinito e não houver polaridade, nenhum circuito se forma. Nesse caso, qual será o resultado? Quando um dínamo está gerando eletricidade e o circuito é interrompido, não havendo saída de corrente, qual é o resultado? O dínamo para.

20. Exatamente o mesmo acontecerá a você, caso se ocupe de pensamentos que não estejam de acordo com o Infini-

LIÇÃO 10 **107**

to e consequentemente não possam ser polarizados: não há circuito, você está isolado, os pensamentos ficam em você, perturbando-o, causando-lhe preocupação e, por fim, trazendo doença e, possivelmente, a morte. O diagnóstico do médico talvez não seja exatamente esse, talvez ele dê a seu caso algum nome sofisticado, manufaturado para as várias doenças causadas por pensar da forma errada, mas, mesmo assim, a causa é uma só.

21. O pensamento construtivo necessariamente tem de ser criativo, mas o pensamento criativo precisa ser harmonioso, e isso elimina todos os pensamentos destrutivos ou competitivos.

22. Sabedoria, força, coragem e todas as condições harmoniosas são resultantes do poder, e vimos que todo poder vem de dentro. Da mesma forma, toda falta, limitação ou circunstância adversa resulta da fraqueza, que é apenas a ausência de poder. Ela vem de alguma parte, ela não é nada — a solução consiste então em adquirir poder, o que se faz da mesma forma como todo poder é adquirido: por meio de exercício.

23. Exercício que consiste na aplicação de seu conhecimento. O conhecimento não se põe em prática por conta própria: você precisa aplicá-lo. A abundância não cairá do Céu sobre você, não cairá em seu colo. No entanto, uma compreensão consciente da Lei da Atração e a intenção de fazê-la funcionar para um objetivo determinado, preciso, especial, somadas à vontade de realizar o objetivo, trarão a materialização de seu desejo, graças à Lei Natural de Transferência. Se você está no setor de negócios, essa lei irá ampliar e desenvolver os canais regulares, e talvez sejam abertos canais de distribuição novos e insólitos. E, quando a lei entrar em plena operação, você verá que aquilo que estava procurando virá atrás de você.

108 A CHAVE MESTRA

24. Esta semana escolha um espaço vazio na parede, ou qualquer outro espaço conveniente e, de onde normalmente se senta, trace mentalmente uma linha preta horizontal de aproximadamente 15 cm. Procure ver a linha tão nitidamente como se ela estivesse pintada na parede. Agora desenhe mentalmente duas linhas verticais conectadas aos extremos da linha horizontal. Então trace uma linha horizontal ligando as duas linhas verticais: você tem um quadrado. Tente ver o quadrado perfeitamente. Quando for capaz de fazê-lo, desenhe um círculo dentro do quadrado. Agora coloque um ponto no centro do círculo. Puxe o ponto mais ou menos 25 cm em sua direção. Você terá um cone sobre uma base quadrada. Como você se lembra, todo o seu desenho foi feito em preto. Mude-o para branco, vermelho, amarelo.

25. Se for capaz de fazer isso, você terá obtido um expressivo progresso, e logo estará capacitado a se concentrar em qualquer problema que tenha em mente.

Quando qualquer objeto ou objetivo for mantido objetivamente no pensamento, sua precipitação numa forma tangível e visível é apenas uma questão de tempo. A visão sempre precede e determina por si mesma a realização.

— LILLIAN WHITING

LIÇÃO 11

Sua vida é governada pela lei — por princípios concretos, imutáveis, que jamais variam. A lei está em operação em todos os momentos, em todos os lugares. Leis fixas são subjacentes a todas as ações humanas. Por essa razão, homens que controlam indústrias gigantescas conseguem determinar com absoluta precisão que exata percentagem em cada cem mil pessoas irá reagir a certo conjunto específico de condições.

Cabe lembrar, contudo, que todo efeito é resultado de uma causa; que o efeito, por sua vez, se transforma em causa, que cria outros efeitos, que, por sua vez, criam outras causas. Assim, ao colocar em operação a Lei da Atração, você deve se lembrar de que está iniciando uma cadeia de causalidade, para o bem ou para o mal, capaz de encerrar infinitas possibilidades.

Com frequência ouvimos dizer: "Aconteceu em minha vida uma situação muito estressante, que não pode ter sido resultado de meu pensamento, pois eu certamente nunca alimentei nenhum pensamento que pudesse levar a tal resultado." Nós nos esquecemos de que no mundo mental semelhante atrai semelhante e o pensamento alimentado nos traz certas amizades, companhias de determinada espécie, e essas, por sua vez,

110 A CHAVE MESTRA

criam condições e ambientes, responsáveis, por sua vez, pelas condições de que nos queixamos.

1. O raciocínio indutivo é o processo da Mente Objetiva por meio do qual comparamos entre si um número de instâncias separadas, até discernirmos o fator comum que dá origem a todas elas.

2. A indução se realiza pela comparação de fatos; foi esse método de estudo da natureza que resultou na descoberta do reinado da lei que marcou época no progresso humano.

3. Ela é a linha divisória entre a superstição e a inteligência; ela eliminou da vida humana os elementos de incerteza e capricho, substituídos pela lei, a razão e a certeza.

4. Ela é a "sentinela diante do portão", mencionada numa aula anterior.

5. Quando, em virtude desse princípio, foi revolucionado o mundo ao qual os sentidos estavam acostumados; quando o Sol foi detido em seu curso, quando a Terra, aparentemente plana, foi modelada em forma de esfera e lançada a girar em torno dele; quando a matéria inerte foi decomposta em elementos ativos e cheios de força, movimento e vida, o Universo se apresentou em qualquer lugar ao qual dirigíamos o telescópio e o microscópio; fomos forçados a perguntar por que meios possíveis são mantidas em ordem e reparadas as delicadas formas de organização no meio dele.

6. Polos semelhantes e forças semelhantes se repelem ou permanecem impenetráveis entre si, e essa causa parece em geral suficiente para designar para estrelas, homens e forças um lugar e uma distância adequados. Assim como homens de diferentes virtudes entram em parceria, também os polos opostos se atraem, elementos que não têm coisa alguma em

LIÇÃO 11   **111**

comum, como ácidos e gases, se prendem de preferência um no outro e uma troca geral é mantida entre a oferta e a procura.

7. Como o olho que busca e recebe satisfação das cores complementares àquelas que são dadas, assim também a necessidade, a precisão e o desejo, no sentido mais amplo, induzem, orientam e determinam a ação.

8. É privilégio nosso nos tornar conscientes do princípio e agir de acordo com ele. Cuvier* viu um dente que pertencia a uma raça extinta de animais. O dente precisa de um corpo para a realização de sua função, e com tal precisão ele definiu o corpo específico necessário àquele dente, e assim o cientista conseguiu reconstruir a estrutura daquele animal.

9. No movimento de Urano, algumas perturbações são observadas. Para manter em ordem o Sistema Solar, Le Verrier** precisa de outra estrela em determinado lugar: na hora e no lugar designados surge Netuno.

10. As necessidades instintivas do animal e as necessidades intelectuais de Cuvier; as necessidades da natureza e as da mente de Le Verrier eram semelhantes, e também os resultados; aqui os pensamentos de uma existência, ali uma existência. Uma necessidade bem definida e legítima, portanto, fornece a razão para as operações mais complexas da natureza.

11. Tendo registrado corretamente as respostas fornecidas pela natureza e ampliado nossos sentidos com a consciência crescente sobre a superfície dela; tendo unido as mãos com as

---

* Georges Cuvier (1769-1832), filósofo, naturalista, anatomista e zoólogo francês, considerado o fundador da paleontologia dos vertebrados. [*N. da T.*]

** Urbain Le Verrier (1811-1877), matemático francês especializado em mecânica celeste, que descobriu Netuno usando cálculo matemático e observações astronômicas. [*N. da T.*]

112 A CHAVE MESTRA

alavancas que movem a Terra; nós nos tornamos conscientes de um contato íntimo, variado e profundo com o mundo exterior, e de que nossas necessidades e nossos propósitos se tornam tão identificados com as operações harmoniosas dessa vasta organização quanto a vida, a liberdade e a felicidade do cidadão se identificam com a existência do governo dele.

12. Assim como os interesses do indivíduo são protegidos pelas armas do país, e também pelas dele próprio; e as necessidades dele, à medida que são sentidas de forma mais universal e firme, podem depender de certos recursos; assim também a condição de cidadão consciente na República da natureza nos defende dos aborrecimentos de agentes subordinados, graças à aliança com poderes superiores; e, por recorrer às leis fundamentais da resistência ou da indução oferecidas aos agentes mecânicos ou químicos, distribuem entre elas e o homem o trabalho a ser executado, para maior benefício do inventor.

13. Se Platão pudesse ter testemunhado com a assistência de um fotógrafo as imagens executadas pelo Sol, ou com uma centena de ilustrações semelhantes às que o homem consegue por indução, ele talvez tivesse se lembrado da função de parteira intelectual de seu mestre, e em sua mente talvez tivesse surgido a visão da terra na qual todo o trabalho manual, mecânico e repetitivo é entregue ao poder da natureza, enquanto nossas necessidades são satisfeitas pelas operações puramente mentais desfechadas pela vontade, e em que a oferta é criada pela procura.

14. Por mais distante que essa terra possa parecer, a indução ensinou o ser humano a dar grandes passos em direção a ela e o cercou de benefícios que são recompensas pela fidelidade passada, e, ao mesmo tempo, incentivos à devoção mais assídua.

15. Também é um auxílio à concentração e à expansão de nossas faculdades para a parte restante, dando uma solução infalível a problemas individuais e universais, por simples operações mentais na forma mais pura.

16. Aqui encontramos um método cujo espírito é acreditar que o que se busca já foi realizado, no intuito de realizá-lo: um método, deixado a nós de herança pelo mesmo Platão, o qual jamais conseguiu, fora dessa esfera, descobrir como as ideias se tornavam realidade.

17. Essa concepção também foi elaborada por Swedenborg em sua doutrina das correspondências; e um mestre ainda maior declarou: "Por isso, eu vos digo que tudo quanto em oração pedirdes, crede que recebestes, e será assim convosco" (Marcos 11:24). A diferença dos tempos verbais desse trecho é notável.

18. Devemos primeiramente acreditar que nosso desejo já foi realizado, e sua realização então virá. Esta é uma orientação concisa para o uso do poder criativo do pensamento, pela impressão da Mente Subjetiva Universal, a coisa específica que desejamos como fato já existente.

19. Portanto, estamos pensando no plano do absoluto e eliminando toda cogitação de condições ou de limitação, e plantando uma semente que, se deixada em paz, finalmente irá germinar em fruição externa.

20. Recapitulando: o raciocínio indutivo é o processo da Mente Objetiva pelo qual comparamos entre si um número de instâncias separadas, até conseguirmos enxergar o fator comum que dá origem a todas elas. Em todos os países civilizados do planeta, vemos pessoas obterem resultados por algum processo que elas próprias parecem não entender, e ao qual normalmente se atribui um grau maior ou menor de mistério.

114 A CHAVE MESTRA

Nossa razão nos é dada com o objetivo de averiguar a lei pela qual ocorrem esses resultados.

21. A operação desse processo de pensamento é vista naquelas naturezas afortunadas possuidoras de tudo que os demais precisam adquirir por esforço, nas pessoas que nunca têm um conflito de consciência porque sempre agem corretamente e nunca conseguem se portar de outra forma que não com finura, que aprendem tudo com facilidade, completam com feliz destreza todas as tarefas encetadas, que vivem na eterna harmonia consigo mesmas, sem jamais refletir muito acerca das próprias ações, ou sequer vivenciar dificuldades ou agruras.

22. O fruto desse pensamento é, de certo modo, uma dádiva dos deuses, mas uma dádiva que poucos perceberam, apreciaram ou entenderam. O reconhecimento do poder maravilhoso, que, sob condições adequadas, a mente possui, e o fato de que esse poder pode ser usado, dirigido e tornado disponível para a solução de qualquer problema humano, tudo isso é de importância transcendental.

23. Toda verdade é semelhante, quer se afirme em modernos termos científicos, quer na linguagem dos apóstolos. Algumas almas tímidas não conseguem perceber que o próprio teor de completude da verdade exige várias afirmativas — que nenhuma formulação humana única mostrará todos os lados daquela verdade.

24. Mudança de ênfase, nova linguagem, interpretações inéditas e perspectivas pouco familiares não são, como supunham alguns, sinais de afastamento da verdade, mas antes, pelo contrário, são evidências de que a verdade está sendo apreendida em novas relações com as necessidades humanas e está se tornando compreendida de modo mais amplo.

LIÇÃO 11   **115**

25. A verdade tem de ser dita a cada geração e a cada povo em termos novos e diversos, de modo que, quando o Grande Mestre disser "Crede que recebestes, e será assim convosco", ou quando Paulo disser "A fé é a substância de coisas que se esperam, a convicção de fatos que se não veem" (Hebreus 11:1) ou ainda quando a ciência moderna disser: "A Lei da Atração é a lei pela qual o pensamento estabelece correlação com seu objeto", ao submeter cada afirmativa à análise, constata-se que ela contém exatamente a mesma verdade. A única diferença reside na forma de apresentação.

26. Estamos parados no limiar de uma nova era. Chegou o momento em que o homem aprendeu os segredos da mestria e o caminho está sendo preparado para uma nova ordem social, mais maravilhosa do que qualquer coisa que qualquer outra época sonhou. O conflito da ciência moderna com a teologia, o estudo das religiões comparadas, o tremendo poder dos novos movimentos sociais, tudo isso está apenas limpando o caminho para a nova ordem. Eles podem ter destruído formas tradicionais que se tornaram antiquadas e impotentes, mas nada valioso se perdeu.

27. Uma nova fé nasceu, uma nova fé que exige uma nova forma de expressão, e essa fé está tomando forma numa profunda consciência de poder, que está sendo manifestada na atual atividade espiritual encontrada em cada instância.

28. O espírito que dorme no mineral, que respira no vegetal e se move no animal, e alcança seu desenvolvimento mais elevado no homem, é a Mente Universal, e cabe a nós fazer a ponte entre o ser e o fazer, entre a teoria e a prática, pela demonstração de nossa compreensão do domínio que nos foi concedido.

29. O poder do pensamento é decididamente a maior descoberta de todos os séculos. A importância dessa descoberta tardou

116 A CHAVE MESTRA

um pouco a alcançar a consciência geral, porém agora ela chegou, e já está sendo demonstrada em cada campo de pesquisa a importância dessa que é a maior de todas as grandes descobertas.

30. Você pergunta em que consiste o poder criativo do pensamento. Consiste em criar ideias, e elas, por sua vez, se concretizam por apropriar-se, inventar, observar, discernir, descobrir, analisar, reger, governar, combinar e aplicar matéria e força. Ele pode fazê-lo porque é um poder criativo inteligente.

31. O pensamento atinge sua atividade mais elevada quando mergulhado em sua profundidade misteriosa; quando irrompe através do estreito escopo do ser e passa, de verdade em verdade, para a região da luz eterna, onde se dissolve numa grande harmonia tudo o que é, foi ou algum dia será.

32. Desse processo de autocontemplação vem a inspiração que é inteligência criativa, e que é inegavelmente superior a qualquer elemento, força ou lei da natureza, porque pode entender, modificar, governar e aplicar todas elas a seus objetivos e propósitos, e dessa forma possuí-las.

33. A sabedoria começa com a aurora da razão, e esta é apenas a compreensão do conhecimento e dos princípios pelos quais podemos conhecer o verdadeiro significado das coisas. A sabedoria, então, é a razão iluminada, e essa sabedoria leva à humildade, pois a humildade é uma grande parcela da sabedoria.

34. Todos nós conhecemos gente que alcançou o aparentemente impossível, que realizou o sonho de uma vida inteira, que mudou tudo, inclusive a si mesmo. Por vezes nos maravilhamos diante da demonstração de um poder aparentemente irresistível, que parece ter estado sempre disponível exatamente quando mais necessário, mas agora isso está explicado. Basta-nos a compreensão de certos princípios fundamentais e definidos e de sua aplicação adequada.

35. Para seu exercício desta semana, concentre-se na citação extraída da Bíblia "Tudo quanto em oração pedirdes, crede que recebestes, e será assim convosco". Observe que não há limitação: "Tudo quando pedirdes" é bem definido e implica que a única limitação imposta à nossa capacidade de pensar é estarmos à altura da ocasião, é nos erguer à emergência, é lembrarmos que a fé não é uma sombra e sim uma substância. É "a substância de coisas que se esperam, a convicção de fatos que se não veem".

A morte é apenas o processo natural no qual todas as formas materiais são atiradas em um cadinho para serem fundidas e reproduzidas em nova diversidade.

LIÇÃO 12

Chegamos à lição 12. No quarto item você encontrará a seguinte afirmativa: "Em primeiro lugar você deve ter o conhecimento de seu poder; em segundo, a coragem de ousar; em terceiro, a confiança de agir." Se você se concentrar nos pensamentos dados, dispensará a eles sua completa atenção, descobrirá um mundo de significados em cada sentença e irá atrair a si outros pensamentos em harmonia com eles. Em breve você entenderá o pleno significado do conhecimento vital no qual está se concentrando.

O conhecimento não se aplica a si mesmo; somos nós, na condição de indivíduos, que precisamos fazer a aplicação, e esta consiste em fertilizar o pensamento com propósito vivo.

O tempo e o pensamento que a maioria das pessoas desperdiça em esforços sem direção realizariam milagres se fossem devidamente dirigidos a algum objetivo especial em vista. Para dirigi-los, é necessário centrar sua força mental num pensamento específico e mantê-la ali, com exclusão de todos os outros pensamentos. Se você olhar pelo visor de uma câmera, descobrirá que, quando o objeto está fora de foco, a impressão é imprecisa e possivelmente borrada, mas, quando se obtém

120   A CHAVE MESTRA

o foco adequado, a imagem é nítida e distinta. Isso ilustra o poder da concentração. Se você não conseguir se concentrar no objeto que tem em vista, obterá um contorno difuso, indiferente, vago, indistinto e borrado de seu ideal e os resultados serão de acordo com sua imagem mental.

1. Não há nesta vida um objetivo que não se possa realizar melhor por meio da compreensão científica e do poder criativo do pensamento.

2. Esse poder de pensar é comum a todos. O homem é porque pensa. O poder humano de pensar é infinito; consequentemente, seu poder criativo é ilimitado.

3. Sabemos que o pensamento está construindo para nós a coisa em que estamos pensando e, concretamente, trazendo-a para mais perto. No entanto, temos dificuldade em banir o medo, a ansiedade ou o desânimo, que representam forças poderosas de pensamento e continuamente enviam para longe as coisas que desejamos, de modo que, com frequência, damos um passo para a frente e dois passos para trás.

4. A única maneira de evitar o retrocesso é continuar a seguir adiante. O preço do sucesso é a eterna vigilância. Para ele, há três etapas, e cada uma é absolutamente essencial. Em primeiro lugar, você deve ter o conhecimento de seu poder; em segundo, a coragem de ousar; em terceiro, a confiança de agir.

5. Tendo isso por base, você pode construir um negócio, um lar, amizades e o ambiente ideais. Você não está restrito em termos de material ou de custo. O pensamento é onipotente e tem o poder de retirar recursos, para tudo de que ele precise, do banco infinito das substâncias primárias. Os recursos infinitos estão, portanto, à sua inteira disposição.

6. Mas você precisa ter um ideal nítido, bem traçado, definido. Ter um ideal para hoje, outro para amanhã e um terceiro para a semana que vem significa dispersar suas forças sem realizar nada; o resultado que você obterá será uma combinação incoerente e caótica de material desperdiçado.

7. Infelizmente é o resultado que muitos estão garantindo, e a causa é óbvia. Se o escultor começar a trabalhar com um cinzel num bloco de mármore e mudar seu ideal a cada 15 minutos, que resultado poderá esperar? E por que você deveria esperar um resultado diverso, ao moldar a substância mais preciosa e mais plástica de todas, a única substância real?

8. Na perda de riqueza material se encontra, com frequência, o resultado de tanta indecisão e pensamento negativo. De repente, desaparece uma pretensa independência que exigiu muitos anos de trabalhos e esforços. Quase sempre se descobre então que dinheiro e propriedades não representam independência de modo algum. Pelo contrário, a única independência que há é o conhecimento prático e operacional do poder criativo do pensamento.

9. Você só poderá obter esse prático método operacional quando houver aprendido que o único poder real que se pode ter é o de se ajustar a princípios Divinos e imutáveis. Você não pode mudar o infinito, mas tem condições de alcançar a compreensão das Leis Naturais. O prêmio dessa compreensão é a percepção consciente da própria capacidade de ajustar suas faculdades de pensamento ao Pensamento Universal, que é onipresente. Sua capacidade de cooperar com essa onipotência irá indicar o grau de sucesso alcançado por você.

10. O poder do pensamento tem muitas imitações que são mais ou menos fascinantes, mas os resultados, em vez de proveitosos, são nocivos.

122   A CHAVE MESTRA

11. Naturalmente, a preocupação, o medo e todos os pensamentos negativos produzem uma safra compatível com eles; quem alimentar pensamentos dessa espécie deve inevitavelmente colher o que plantou.

12. Em contrapartida, existem os caçadores de fenômenos, que se alimentam das chamadas provas e demonstrações obtidas nas sessões espíritas de materialização. Eles escancaram as portas da mente e se encharcam nas correntes mais venenosas que podem ser encontradas no mundo mediúnico. Parecem não entender que é a capacidade de se tornar negativo, receptivo e passivo — esvaziando-se assim de toda a força vital — o que lhes permite manifestar essas formas-pensamento vibratórias.

13. Também há os devotos do hinduísmo, que veem uma fonte de poder nos fenômenos de materialização realizados pelos chamados adeptos, esquecendo-se, ou nunca parecendo perceber, que, tão logo retirada a vontade, as formas murcham e desaparecem as forças vibratórias das quais elas se compõem.

14. A telepatia, ou transmissão de pensamento, tem recebido bastante atenção, mas ela exige um estado mental negativo por parte do receptor — a prática é nociva. Um pensamento pode ser enviado com a intenção de ouvir ou de ver, mas trará a punição cabível à inversão do princípio envolvido.

15. Em muitas instâncias, o hipnotismo é decididamente perigoso para o sujeito, tanto quanto é para o operador. Nenhum conhecedor das leis que governam o mundo mental cogitaria tentar o domínio da vontade de outrem, pois ao fazê-lo irá gradualmente (e com certeza) se despojar de seu poder.

16. Todas essas perversões têm sua satisfação temporária e, para alguns, uma aguda fascinação. Existe, contudo, uma fascinação ainda maior na verdadeira compreensão do mundo

LIÇÃO 12   **123**

do poder interior, um poder que aumenta com o uso; que é permanente em vez de fugaz; que, além da potência como agente corretivo, para remediar os erros passados ou resultados do pensamento errôneo, é também um agente profilático a nos proteger de todas as formas de perigo. Finalmente, é uma força criativa concreta com a qual podemos construir novas condições e um novo ambiente.

17. Segundo a lei, o pensamento estabelece correlação com seu objeto e manifesta no mundo material a correspondência da coisa pensada ou produzida no mundo mental. Então discernimos a absoluta necessidade de ver que cada pensamento contém o germe inerente da verdade, para a Lei do Crescimento poder levar o bem a se manifestar, pois só o bem pode conferir qualquer poder permanente.

18. O princípio que dá ao pensamento o poder dinâmico de criar correlação com seu objeto e, portanto, de dominar qualquer experiência humana adversa é a Lei da Atração, que é outro nome para o amor. Este é um princípio eterno e fundamental, inerente a todas as coisas, em todo o sistema de filosofia, em toda religião e em toda ciência. Não há como escapar à Lei do Amor. O que comunica vitalidade ao pensamento é o sentimento. Sentimento é desejo e desejo é amor. O pensamento impregnado de amor se torna invencível.

19. Sempre que o poder do pensamento for entendido, veremos enfatizada essa verdade. A Mente Universal não é apenas a inteligência, mas é também substância, e essa substância é a força atrativa que reúne os elétrons pela Lei da Atração, para que eles formem os átomos. Os átomos, por sua vez, são reunidos pela mesma lei e formam as moléculas. As moléculas assumem formas objetivas. E assim constatamos que a Lei do Amor é a força criativa por trás de cada manifestação, não só

124 A CHAVE MESTRA

de átomos, mas também de mundos, do Universo, de tudo acerca do qual a imaginação possa formar algum conceito.

20. É a operação dessa maravilhosa Lei da Atração que levou homens de todas as idades e de todas as épocas a acreditar que deveria haver algum ser pessoal que atendia aos pedidos e desejos deles, e que para tanto manipulava os acontecimentos.

21. O que forma a força irresistível chamada de Lei da Atração é a combinação de pensamento e amor. Todas as leis naturais são irresistíveis: a Lei da Gravidade, ou a da Eletricidade, ou qualquer outra, todas operam com exatidão matemática. Não há variação. Só o canal de distribuição pode ser imperfeito. Quando uma ponte cai, não atribuímos a queda a nenhuma variação da lei da gravidade. Quando uma lâmpada não acende, não concluímos que as leis que regem a eletricidade talvez não sejam confiáveis. E se a Lei da Atração parecer imperfeitamente demonstrada por um indivíduo inexperiente ou pouco informado, não deveremos concluir que tenha sido suspensa a maior e mais infalível das leis, da qual depende todo o sistema de criação. Deveríamos, antes, concluir que é preciso um pouco mais de compreensão da lei, pela mesma razão que não se chega pronta e facilmente à solução correta de um problema difícil em matemática.

22. As coisas são criadas no mundo mental ou espiritual antes de aparecerem no ato ou ocorrência exterior. Pelo simples processo de governar nossas forças de pensamento hoje, ajudamos a criar os acontecimentos que surgirão em nossa vida no futuro, talvez até amanhã. O desejo educado é o meio mais potente de colocar em ação a Lei da Atração.

23. A constituição do ser humano é tal que ele precisa primeiro criar as ferramentas, ou implementos, por meio dos quais adquire o poder de pensar. A mente não consegue compreender

LIÇÃO 12 **125**

uma ideia inteiramente nova até uma célula cerebral vibratória correspondente ter sido preparada para recebê-la. Isso explica por que é tão difícil para nós receber ou apreciar uma ideia inteiramente nova: sem ter uma célula cerebral capaz de recebê-la, tornamo-nos incrédulos — não acreditamos nela.

24. Por conseguinte, se você não conhece a onipotência da Lei da Atração e o método científico por meio do qual ela pode ser posta em prática, ou se desconhece as ilimitadas possibilidades abertas aos que estão capacitados a aproveitar os recursos oferecidos por ela, comece agora a criar as células cerebrais necessárias à compreensão dos poderes ilimitados que a cooperação com a Lei Natural lhe pode facultar. Isso se faz por meio de concentração ou atenção.

25. A intenção governa a atenção. O poder vem por intermédio do repouso. É pela concentração que se produzem os pensamentos profundos, as palavras sábias e todas as forças de alta potencialidade.

26. É no silêncio que você entra em contato com o poder onipotente da Mente Subconsciente, da qual se origina todo poder.

27. Quem deseja sabedoria, poder ou sucesso permanente de qualquer tipo só irá encontrá-los em seu interior; trata-se de uma expansão. Os que não pensam talvez concluam que o silêncio é muito simples e fácil de alcançar, mas é preciso lembrar que só no silêncio absoluto o indivíduo pode entrar em contato com a própria divindade; pode aprender sobre a Lei Mutável e abrir para si os canais pelos quais se chega à perfeição, graças à prática persistente e à concentração.

28. Esta semana, vá para o mesmo cômodo, sente-se na mesma cadeira, na mesma posição de antes. Procure relaxar, tanto física quanto mentalmente. Sempre aja assim. Não

126 A CHAVE MESTRA

tente fazer qualquer trabalho mental sob pressão. Veja se os músculos ou nervos estão tensos, se você está inteiramente confortável. Agora perceba sua unidade com a Onipotência. Entre em contato com esse poder, adquira uma profunda e vital compreensão, apreciação e percepção do fato de que sua capacidade de pensar é sua capacidade de agir sobre a Mente Universal e traga-a à manifestação, perceba que ela irá atender a toda e qualquer solicitação. Perceba que você tem exatamente a mesma habilidade potencial que qualquer indivíduo teve ou terá algum dia, porque cada um é apenas uma expressão ou manifestação do uno, todos são parte do todo, não há diferença em espécie ou qualidade, a única diferença é de grau.

O pensamento não pode conceber algo que não possa ser trazido à expressão. O primeiro a pronunciá-lo pode ser apenas quem sugeriu, mas o executor irá aparecer.

— WILSON

LIÇÃO 13

A CIÊNCIA FÍSICA É RESPONSÁVEL PELA MARAVILHOSA era de invenção em que estamos vivendo agora, mas a ciência espiritual está dando início a uma carreira cujas possibilidades ninguém pode prever.

A ciência espiritual tem sido até agora o joguete de indivíduos pouco instruídos, de supersticiosos, de místicos; mas agora a humanidade só se interessa por métodos definidos e fatos demonstrados.

Estamos cientes de que o pensamento é um processo espiritual, de que a visão e a imaginação precedem a ação e os acontecimentos, de que enfim raiou o dia do sonhador.

No contexto, são interessantes as palavras a seguir, de autoria de Herbert Kaufman.

> Eles são os arquitetos da grandeza; a visão deles reside no íntimo de suas respectivas almas. Eles olham para além dos véus e das brumas da dúvida e penetram as muralhas do tempo que não veio. No tear em que eles tecem suas tapeçarias mágicas, o sistema de polias, os trilhos de aço e a engrenagem de transmissão fazem às vezes de lançadeiras.

128 A CHAVE MESTRA

Construtores de impérios, eles lutaram por coisas mais grandiosas que coroas e posições mais elevadas que tronos. As casas onde vocês moram foram construídas sobre a terra encontrada por um sonhador. Os quadros em suas paredes são visões da alma de um sonhador. Eles são os eleitos — os desbravadores do caminho. Muralhas se desmoronam e impérios caem, o maremoto se ergue do oceano e arranca de seus rochedos uma fortaleza. As nações apodrecidas tombam dos galhos do tempo, e só as coisas que os sonhadores fizeram continuam a viver.

A Lição 13 relata, ainda, por que os sonhos do sonhador se tornam realidade. Ela explica a Lei da Causalidade, por cujo intermédio os sonhadores, inventores, autores, financistas fazem com que se realizem os desejos deles. Ela explica a lei que leva aquilo que visualizamos na mente a se tornar propriedade nossa.

1. Tem sido uma tendência e, como talvez se prove, uma necessidade da ciência buscar a explicação de fatos corriqueiros pela generalização de outros menos frequentes que formam a exceção. É assim que a erupção do vulcão manifesta o calor em permanente atividade no interior da Terra, e ao qual ela deve muito da própria configuração.

2. É assim que o relâmpago revela um poder súbito constantemente ocupado na produção de mudanças no mundo inorgânico e, assim como línguas mortas e agora raramente ouvidas outrora dominaram muitas nações, assim também um dente gigantesco na Sibéria, ou um fóssil nas profundezas da Terra, não só traz o registro da evolução de eras remotas, como ainda nos explica, por esse meio, a origem dos montes e vales que hoje habitamos.

LIÇÃO 13 **129**

3. Dessa forma, uma generalização de fatos que são raros, estranhos, ou formam a exceção tem sido a agulha magnética que nos guia em todas as descobertas da ciência indutiva.

4. Esse método se fundamenta na razão e na experiência, e consequentemente destruiu a superstição, o precedente e o convencionalismo.

5. Há quase trezentos anos Lorde Bacon recomendou esse método de estudo, ao qual devem as nações civilizadas a maior parte de sua prosperidade e a parte mais valiosa de seu conhecimento; purgar a mente, com mais eficácia do que pela ironia mais arguta, de preconceitos estreitos e teorias preconcebidas; chamar do céu para a terra a atenção dos homens, com mais sucesso por experiências surpreendentes do que pela demonstração mais enérgica da ignorância deles; educar mais poderosamente as faculdades inventivas pela perspectiva próxima de descobertas úteis reveladas a todos do que pela promessa de trazer à luz as leis inatas de nossa mente.

6. O método de Bacon resumiu o espírito e o objetivo dos grandes filósofos da Grécia e os colocou em foco pelos novos meios de observação que outra era ofereceu. Assim, revelou paulatinamente um maravilhoso campo de conhecimento no espaço infinito da astronomia, no ovo microscópico da embriologia e na era difusa da geologia; revelou uma ordem do pulso que a lógica aristotélica jamais poderia ter desvendado e analisou em elementos antes desconhecidos as combinações materiais que nenhuma dialética dos escolásticos foi capaz de separar à força.

7. Tal método tem prolongado a vida; mitigado a dor; extinguido doenças; aumentado a fertilidade do solo; dado nova segurança ao marinheiro; cruzado grandes rios com pontes cujas formas nossos pais desconheciam; guiado o raio do céu à terra; iluminado a noite com o esplendor do dia; estendido o

130 A CHAVE MESTRA

alcance da visão humana; multiplicado o poder dos músculos humanos; acelerado o movimento; aniquilado a distância; facilitado o intercâmbio, a correspondência, todos os ofícios amigáveis, todos os trâmites de negócios; permitido ao homem descer nas profundezas do oceano, elevar-se nos ares; penetrar com segurança os mefíticos recessos da terra.

8. Essas são, portanto, a verdadeira natureza e a amplitude da indução. No entanto, quanto maior o sucesso que os homens alcançaram na ciência indutiva, mais nos impressiona o teor completo de seus ensinamentos e exemplos com a necessidade de observar de forma cuidadosa, paciente e rigorosa, com todos os instrumentos e recursos a nosso dispor, os fatos individuais, antes de nos aventurar na afirmativa de leis gerais.

9. Para avaliar a influência da faísca obtida da máquina elétrica sob cada circunstância variada, de forma a, com Franklin, podermos nos animar a dirigir às nuvens, sob a forma de uma pipa, a pergunta sobre a natureza do raio; para nos assegurar, com a exatidão de um Galileu, da maneira como os corpos caem, para nos atrever com Newton a indagar da Lua sobre a força que a prende à Terra.

10. Em resumo, pelo valor que atribuímos à verdade, por nossa esperança num progresso firme e universal, não permitir que um preconceito tirânico venha negligenciar ou mutilar fatos indesejados, mas erigir a superestrutura da ciência sobre a base ampla e imutável da plena atenção prestada aos fenômenos mais isolados e também aos mais frequentes.

11. Um material cada vez mais amplo pode ser colecionado pela observação, mas os fatos acumulados são de valor muito diverso para a explicação da natureza; e como valorizamos extremamente aquelas qualidades úteis do homem que são de ocorrência mais rara, assim também a filosofia natural

LIÇÃO 13 **131**

peneira os fatos e atribui importância proeminente à classe surpreendente que não pode ser explicada pela observação usual e diária da vida.

12. E se constatarmos que certas pessoas parecem donas de um poder incomum, o que devemos concluir? Em primeiro lugar, podemos dizer que não se trata disso, que é simplesmente um reconhecimento de nossa falta de informação, porque todo investigador honesto admite a existência de fenômenos muito estranhos, e até então inexplicáveis, que estão ocorrendo o tempo todo. Entretanto, aqueles que se tornarem habituados ao poder criativo do pensamento já não irão considerá-los inexplicáveis.

13. Em segundo lugar, podemos dizer que eles resultam de interferência sobrenatural, mas a compreensão científica das leis naturais irá nos convencer de que não há nada sobrenatural. Todo fenômeno é resultado de uma causa definida e precisa, e a causa é uma lei ou princípio imutável, que opera com invariável precisão, quer a lei seja posta consciente, quer seja posta inconscientemente em operação.

14. Em terceiro lugar podemos dizer que estamos em "território proibido", que há coisas que não deveríamos saber. Essa objeção foi usada contra cada progresso do conhecimento humano. Todo indivíduo que algum dia defendeu uma nova ideia, fosse um Colombo, um Darwin, um Galileu, um Fulton, foi alvo de ridicularização ou perseguição; de modo que essa objeção não deveria receber séria cogitação, mas, ao contrário, deveríamos analisar cuidadosamente todo fato que nos fosse trazido à atenção. Se o fizermos, iremos avaliar mais prontamente a lei em que ele se baseia.

15. Constataremos que o poder criativo do pensamento explicará cada possível condição ou experiência, seja ela física, mental ou espiritual.

132 A CHAVE MESTRA

16. O pensamento criará condições em correspondência com a atitude mental predominante. Portanto, se temermos o desastre, ele será o resultado seguro de nosso pensamento, pois o medo é uma forma poderosa de pensamento. É essa forma de pensamento que frequentemente faz desaparecer o resultado de muitos anos de lutas e esforços.

17. Se pensarmos em alguma forma de riqueza material, poderemos assegurá-la. Pelo pensamento concentrado, serão efetuadas as condições exigidas, e o empenho do devido esforço irá resultar na criação das circunstâncias necessárias para cumprir nossos desejos; mas com frequência constatamos que, ao assegurar as coisas que acreditávamos querer, elas não têm o efeito que esperávamos. Ou seja, a satisfação é apenas temporária, ou possivelmente é o contrário do esperado.

18. Qual é, então, o método adequado de proceder? O que devemos pensar para assegurar o que realmente desejamos? O que você e eu desejamos, o que todos desejamos, o que todo mundo está buscando, é felicidade e harmonia. Se pudermos ser felizes de verdade, teremos tudo que o mundo pode dar. Se nós formos felizes, poderemos tornar os outros felizes.

19. Mas não podemos ser felizes se não tivermos saúde, força, amigos afáveis, ambiente agradável, recursos suficientes, não só para atender às nossas necessidades, mas também para prover aqueles confortos e luxos a que temos direito.

20. A velha maneira de pensar ortodoxa era ser "um verme", ficar satisfeito com o próprio quinhão, qualquer que fosse; mas a ideia moderna é saber que nós temos direito ao melhor de tudo, que "o Pai e eu somos um só" e que o "Pai" é a Mente Universal, o Criador, a Substância Original de que surgem todas as coisas.

21. Ora, admitindo que tudo isso seja verdade em teoria, e isso tem sido ensinado por dois milênios, e constitui a essên-

LIÇÃO 13   **133**

cia de todo sistema de filosofia ou religião, como poderemos transformá-la em algo prático em nossa vida? Como iremos obter resultados concretos, tangíveis aqui e agora?

22. Em primeiro lugar, devemos colocar em prática nosso conhecimento. Nada pode ser obtido de qualquer outra forma. O atleta pode passar a vida lendo livros e tendo aulas a respeito de condicionamento físico, mas nunca irá receber força alguma, exceto se começar a liberar a força pelo efetivo trabalho. Por fim, irá receber exatamente o que der, mas terá primeiro de dar. Conosco acontece exatamente a mesma coisa; obteremos exatamente aquilo que dermos, mas primeiro teremos de dar. A dádiva então retornará a nós multiplicada, e o ato de dar é simplesmente um processo mental, porque os pensamentos são as causas e as condições são os efeitos. Por conseguinte, ao dedicar pensamentos de coragem, inspiração, saúde ou ajuda de qualquer espécie, estamos colocando em movimento causas que irão provocar seu efeito.

23. O pensamento é uma atividade espiritual e, portanto, criativa, mas não se engane: o pensamento não vai criar nada se não estiver dirigido de forma consciente, sistemática e construtiva; e aqui reside a diferença entre o pensamento aleatório, uma simples dissipação do esforço, e o pensamento construtivo, que significa realização praticamente ilimitada.

24. Constatamos que tudo que recebemos vem a nós pela Lei da Atração. Um pensamento feliz não pode existir numa consciência infeliz; portanto, a consciência deve mudar. E, quando a consciência muda, todas as condições necessárias para satisfazer à consciência alterada devem gradualmente mudar, para atender às exigências da nova situação.

25. Ao criar uma imagem ou um ideal Mental, estamos projetando um pensamento na Substância Universal de que são criadas todas as coisas. Essa Substância Universal é onipresen-

134 A CHAVE MESTRA

te, onipotente e onisciente. Precisamos informar o onisciente quanto ao canal adequado a utilizar na materialização de nossa solicitação? O finito pode dar conselhos ao infinito? Eis aí a causa do fracasso; de todo fracasso. Reconhecemos a onipresença da Substância Universal, mas não conseguimos apreciar o fato de que essa substância é não só onipresente, mas onipotente e onisciente e, consequentemente, irá colocar em movimento causas a cujo respeito podemos ser inteiramente ignorantes.

26. Podemos zelar melhor por nossos interesses ao reconhecermos o Poder Infinito e a Sabedoria Infinita da Mente Universal, e dessa forma nos tornar um canal por meio do qual o infinito pode realizar nosso desejo. Isso significa que o reconhecimento efetua a realização; portanto, para seu exercício desta semana, faça uso do princípio, reconheça o fato de que você é uma parte do todo e que uma parte deve ser o mesmo que o todo em termos de espécie e qualidade; a única diferença possível talvez seja de grau.

27. Quando esse tremendo fato começar a permear sua consciência, então você realmente alcançará a percepção do fato de que você (não seu corpo, mas sim o ego), o "eu", o espírito pensante, é parte integrante do grande todo, que ele é o mesmo em substância, em qualidade, em espécie, que o Criador não poderia criar nada diferente de si mesmo. Você também será capaz de dizer: "O Pai e eu somos um só" e chegar à compreensão da beleza, da grandiosidade e das oportunidades transcendentais que foram colocadas à sua disposição.

Aumenta em mim aquela sabedoria que descobre meu interesse mais autêntico, fortalece minha decisão de realizar aquilo que dita a sabedoria.

— FRANKLIN

LIÇÃO 14

De seu estudo até agora, você já constatou que o pensamento é uma atividade espiritual e é, portanto, dotado de poder criativo. Isso não quer dizer que alguns pensamentos sejam criativos, mas, sim, que todo pensamento é criativo. Esse mesmo princípio pode ser levado a operar de modo negativo, por meio do processo de negação.

O consciente e o subconsciente são duas fases de ação em conexão com a mente. A relação do subconsciente com o consciente é bastante análoga à que existe entre um cata-vento e a atmosfera.

Tal como a menor pressão da atmosfera produz uma ação por parte do cata-vento, assim também o menor pensamento de que se ocupa a Mente Consciente produz no interior da Mente Subconsciente uma ação em exata proporção com a profundidade de sentimentos que caracterizam o pensamento e a intensidade com que ele é alimentado.

Em decorrência, se você negar as condições insatisfatórias, estará retirando o poder criativo de seu pensamento a essas condições. Você irá cortá-las pela raiz; irá solapar a vitalidade delas.

136 A CHAVE MESTRA

Lembre-se de que a Lei do Progresso governa necessariamente toda manifestação no objetivo, portanto a negação de condições insatisfatórias não irá trazer mudança instantânea. Uma planta vai continuar visível por algum tempo depois de suas raízes terem sido cortadas. Mas ela irá murchar gradualmente, terminando por desaparecer; assim também a retirada de seu pensamento da contemplação de condições insatisfatórias irá pôr fim de forma gradual, porém segura, a essas condições.

Você verá que isso é exatamente o curso oposto àquele que mais estaríamos naturalmente inclinados a adotar.

Logo, ele terá o efeito exatamente contrário ao assegurado em geral. A maioria das pessoas se concentra intencionalmente nas condições insatisfatórias, dando assim à condição aquela dose de energia e vitalidade necessária para fomentar um crescimento vigoroso.

1. A Energia Universal de que se originam todo movimento, toda luz, todo calor e toda cor não compartilha a limitação dos numerosos efeitos causados por ela, pois tem supremacia sobre todos eles. Essa Substância Universal é a fonte de todo poder, toda sabedoria e toda inteligência.

2. Reconhecer essa inteligência implica travar conhecimento com a qualidade conhecedora da Mente e, por meio desta, abordar a Substância Universal e induzi-la a entrar em relações harmoniosas nos negócios que dizem respeito a você.

3. Isso é algo que o mais versado professor de ciência física não tentou: um campo de descoberta sobre o qual ele ainda não se lançou. De fato, foram poucas as escolas materialistas que tiveram algum dia um vislumbre dessa luz. Pelo visto, não se manifestou para eles o fato de que a sabedoria está igualmente presente em toda parte, tanto quanto estão a força e a substância.

LIÇÃO 14   **137**

4. Alguns diriam: Se esses princípios são verdadeiros, por que não os estamos manifestando? Obviamente, o princípio fundamental está correto; então, por que não conseguimos os devidos resultados? Acontece que nós conseguimos. Nós conseguimos resultados na proporção exata de nossa compreensão da lei e de nossa capacidade de aplicá-la adequadamente. Os resultados das leis que regem a eletricidade só foram obtidos quando alguém formulou a lei e nos mostrou como aplicá-la.

5. Isso nos coloca numa relação inteiramente nova com o ambiente, abrindo possibilidades jamais sonhadas, por meio de uma sequência organizada da lei que está naturalmente envolvida em nossa atitude mental.

6. A mente é criativa e o princípio que fundamenta essa lei é sólido e legítimo, inerente à natureza das coisas; mas esse poder criativo não se origina no individual e sim no Universal, que é o reservatório e a fonte de toda energia e substância. O individual é simplesmente um canal para a distribuição dessa energia. O individual é o meio pelo qual o Universal produz as várias combinações que resultam na formação dos fenômenos.

7. Sabemos que os cientistas fizeram a decomposição da matéria numa imensa quantidade de moléculas; essas moléculas foram decompostas em átomos e os átomos, em elétrons. A descoberta dos elétrons em tubos de vidro a vácuo dotados de terminais metálicos indica de forma conclusiva que esses elétrons preenchem todo o espaço; que eles existem em toda parte, que são onipresentes. Eles enchem todos os corpos materiais e ocupam a totalidade do que chamamos espaço vazio. Isso, então, é a Substância Universal da qual se originam todas as coisas.

8. Os elétrons permaneceriam elétrons para sempre, se não fossem dirigidos para um lugar onde se juntar para for-

138 A CHAVE MESTRA

mar átomos e moléculas, e quem os dirige é a mente. Uma quantidade de elétrons girando em torno de um centro de força constitui um átomo; os átomos se reúnem em proporções matemáticas absolutamente regulares para formar moléculas, que, por sua vez, se reúnem com outras para formar uma profusão de compostos, que se reúnem para formar o Universo.

9. O átomo mais leve que se conhece é o de hidrogênio, que é 1.700 vezes mais pesado que o elétron. Um átomo de mercúrio é três mil vezes mais pesado que um elétron. Os elétrons são pura eletricidade negativa e, como têm a mesma velocidade potencial de todas as outras energias cósmicas, tais quais o calor, a luz, a eletricidade e o pensamento, não se trata aqui de espaço ou tempo. A maneira como foi averiguada a velocidade da luz é interessante.

10. A velocidade da luz foi obtida pelo astrônomo dinamarquês Roemer em 1676, mediante a observação dos eclipses das Luas de Júpiter. Quando a Terra estava à menor distância de Júpiter, o eclipse aparecia adiantado de aproximadamente 8,5 minutos em relação ao calculado, e quando a Terra estava à máxima distância de Júpiter, ele se atrasava em 8,5 minutos. Roemer concluiu que o fenômeno se devia a serem necessários 17 minutos para a luz do planeta atravessar o diâmetro da órbita terrestre, o que media a diferença das distâncias da Terra a Júpiter. Desde então, esse cálculo tem sido verificado e prova que a luz viaja a cerca de 300 mil quilômetros por segundo.

11. Os elétrons se manifestam no corpo como células, e possuem mente e inteligência suficientes para realizar suas funções na fisiologia humana. Cada parte do corpo se compõe de células, algumas operando independentes, outras em comunidades. Algumas se encarregam de construir tecidos,

LIÇÃO 14 **139**

enquanto outras se envolvem na formação de várias secreções necessárias ao corpo. Algumas atuam como transportadoras de material; outras são as cirurgiãs cuja tarefa é reparar danos; outras se encarregam de transportar dejetos para fora do corpo; outras, ainda, estão constantemente prontas a repelir invasores e outros intrusos nocivos da família dos germes.

12. Todas essas células estão se movendo para um objetivo comum e cada uma é não só um organismo vivo, mas também tem bastante inteligência para cumprir seus deveres necessários. A inteligência de que a célula está dotada também lhe basta para conservar as energias e perpetuar a própria vida. Ela deve, portanto, garantir nutrientes suficientes, em cuja seleção, segundo se constatou, ela exerce suas escolhas.

13. Cada célula nasce, se reproduz, morre e é absorvida. A manutenção da saúde e da própria vida depende da regeneração constante dessas células.

14. Portanto, é óbvio que em cada átomo do corpo há mente; essa mente é negativa, e o poder do indivíduo de pensar o torna positivo, de modo a poder controlar sua mente negativa. Esta é a explicação científica da cura metafísica, e permitirá a todos a compreensão do princípio sobre o qual repousa esse notável fenômeno.

15. Essa mente negativa, que está contida em cada célula do corpo, foi chamada de Mente Subconsciente, porque age sem nosso conhecimento consciente. Descobrimos que essa Mente Subconsciente responde à vontade da Mente Consciente.

16. Todas as coisas têm sua origem na mente, e as aparências resultam do pensamento. Assim constatamos que as coisas em si não têm origem, permanência ou realidade. Como são produzidas pelo pensamento, podem ser apagadas pelo pensamento.

140 A CHAVE MESTRA

17. Na ciência mental, assim como na ciência natural, estão sendo feitas experiências, e cada descoberta faz o homem avançar um passo em direção à sua meta possível. Vemos que cada pessoa é o reflexo do pensamento que alimentou durante sua vida. Isso está estampado em seu rosto, sua forma, seu caráter, seu ambiente.

18. E por trás de cada efeito existe uma causa — e se seguirmos a pista de volta ao ponto de partida, encontraremos o princípio criativo do qual ela se originou. Tão completas são agora as provas disso que essa verdade é aceita de modo geral.

19. O mundo objetivo é controlado por um poder invisível e até agora inexplicável. Até hoje nós temos personalizado esse poder, chamando-o de Deus. No entanto, agora aprendemos a olhar para ele como a essência ou o princípio que permeia tudo que existe — o Infinito ou Mente Universal.

20. Por ser infinita e onipotente, a Mente Universal tem a seu dispor recursos ilimitados. E quando nos lembramos de que também é onipresente, não podemos escapar à conclusão de que nós devemos ser uma expressão ou manifestação daquela mente.

21. O reconhecimento e a compreensão dos recursos da Mente Subconsciente indicam que a única diferença entre o subconsciente e o Universal é uma diferença de grau.

22. Você consegue apreciar o valor desse fato tão importante? Percebe que o reconhecimento desse tremendo fato coloca você em contato com a Onipotência? Sendo a Mente Subconsciente o elo de conexão entre a Mente Universal e a Mente Consciente, não é óbvio que esta pode conscientemente sugerir pensamentos que a Mente Subconsciente colocará em ação, e como o subconsciente é uno com o Universal, não é óbvio que não podem ser impostos limites às atividades dele?

LIÇÃO 14   **141**

23. Uma compreensão científica desse princípio explicará os maravilhosos resultados que são obtidos graças ao poder da prece. Os resultados assegurados de forma não são efetuados por qualquer dispensa especial da Providência, mas antes, pelo contrário, são consequência da operação de uma lei perfeitamente natural. Não há, portanto, nada de religioso ou misterioso em relação a isso.

24. Contudo, existem muitas pessoas que não estão prontas para entrar na disciplina necessária a fim de pensar corretamente, mesmo quando está evidente que seu pensar errado levou você ao fracasso.

25. O pensamento é a única realidade; as condições não passam de manifestações externas; à medida que o pensamento muda, todas as condições externas ou materiais devem mudar, de modo a estar em harmonia com o criador delas, que é o pensamento.

26. Mas o pensamento deve ser bem nítido, firme, fixo, definido, imutável; você não pode dar um passo para a frente e dois para trás, nem pode passar vinte ou trinta anos de sua vida construindo condições negativas como resultado de pensamentos negativos, e depois esperar vê-los se dissolverem por conta de 15 ou vinte minutos de pensamento correto.

27. Se você entrar na disciplina necessária para efetuar a mudança radical em sua vida, terá de fazê-lo de modo deliberado, após refletir cuidadosamente no assunto e lhe dispensar plena consideração, e depois não permitir qualquer interferência na decisão tomada.

28. Essa disciplina, essa mudança de mentalidade, essa atitude mental não só lhe trará as coisas materiais necessárias a seu mais elevado bem-estar, mas também lhe trará saúde e condições harmoniosas em geral.

142 A CHAVE MESTRA

29. Se você deseja ter condições harmoniosas em sua vida, precisa desenvolver uma atitude mental harmoniosa.

30. Seu mundo exterior será o reflexo de seu mundo interior.

31. Para seu exercício desta semana, concentre-se na harmonia, e quando digo concentrar-se, quer dizer tudo o que a palavra implica; concentrar-se tão profunda e sinceramente que você não terá consciência de nada senão harmonia. Lembre-se, nós aprendemos pela prática. A leitura destas aulas não levará você a lugar algum; é na aplicação prática que reside seu valor.

Aprenda a manter a porta fechada, mantenha fora de sua mente e fora de seu mundo qualquer elemento que busque admissão sem ter em vista objetivo algum útil definido.

— George Matthew Adams

LIÇÃO 15

EXPERIMENTOS REALIZADOS COM PARASITAS ENCONTRA-dos em plantas mostram que mesmo os seres vivos das ordens inferiores são capazes de se beneficiar da Lei Natural. O seguinte experimento foi realizado por Jacques Loch, médico, ph.D., membro do Rockefeller Institute.

"Para obter o material, colocam-se num cômodo, diante da janela fechada, roseiras plantadas em vasos. Se deixarmos as plantas secarem, os pulgões (parasitas), antes desprovidos de asas, se transformam em insetos alados. Depois da metamorfose, os animais abandonam a planta, voam para a janela e sobem pelo vidro."

É evidente que esses insetos minúsculos descobriram que as plantas onde eles estiveram prosperando estão mortas e não poderão mais fornecer alimento e bebida. O único método para evitar morrer de fome seria criar asas temporárias e voar, o que eles fizeram.

Semelhantes experiências mostram que a Onisciência e a Onipotência são onipresentes e que numa emergência o menor ser vivo pode tirar partido delas.

144 A CHAVE MESTRA

A Lição 15 vai revelar mais a respeito das leis sob as quais vivemos. Vai explicar que essas leis operam em nosso benefício; que todas as situações e experiências que nos acontecem visam o nosso bem. Ganhamos força na proporção do esforço despendido e alcançamos mais felicidade se cooperarmos conscientemente com as Leis Naturais.

1. As leis sob as quais vivemos foram projetadas unicamente em nosso benefício. Essas leis são imutáveis; não podemos fugir à sua atuação.

2. Todas as grandes forças eternas atuam em solene silêncio, mas temos o poder de nos colocar em harmonia com elas e dessa forma expressar uma vida de relativa paz e felicidade.

3. Dificuldades, desarmonias e obstáculos mostram que estamos nos recusando a abrir mão daquilo de que já não precisamos, ou estamos nos recusando a aceitar aquilo que solicitamos.

4. O crescimento se dá por meio da troca do velho pelo novo, do bom pelo melhor. É uma ação condicional ou recíproca, pois cada um de nós é uma entidade pensante completa e essa inteireza nos faz receber somente na medida em que tivermos dado.

5. Se nos apegarmos obstinadamente ao que temos, não poderemos obter o que nos falta. Quando percebemos o objetivo daquilo que atraímos, nós nos tornamos capazes de controlar conscientemente nossas condições e também de extrair de cada experiência apenas o necessário para proporcionar mais crescimento. A capacidade de fazê-lo determina o grau de harmonia e felicidade que alcançamos.

6. À medida que alcançamos planos mais elevados e visões mais amplas, vai aumentando gradualmente a capacidade de nos apropriar do necessário a nosso crescimento; quanto mais

LIÇÃO 15   **145**

tivermos capacidade de perceber aquilo de que precisamos, mais certeza teremos de discernir sua presença, de atraí-lo e absorvê--lo. Nada pode nos alcançar, senão o necessário ao crescimento.

7. Todas as situações e experiências que nos acometem ocorrem em nosso benefício. Dificuldades e obstáculos continuarão a surgir até termos absorvido sua sabedoria e termos extraído dela o essencial para continuar a crescer.

8. É matematicamente exato o fato de colhermos o que plantamos. Adquirimos força permanente na medida exata do esforço necessário à superação das dificuldades.

9. Os requisitos inexoráveis do crescimento exigem que apliquemos o maior grau de atração para aquilo que se harmoniza perfeitamente conosco. A maior felicidade será mais facilmente alcançada se compreendermos e cooperarmos conscientemente com as Leis Naturais.

10. Para possuir vitalidade, o pensamento deve estar impregnado de amor. O amor é um produto das emoções. Portanto, é essencial que as emoções sejam controladas e dirigidas pelo intelecto e pela razão.

11. É o amor que comunica vitalidade ao pensamento, fazendo-o germinar. A Lei da Atração, ou Lei do Amor — pois são uma coisa só —, trará ao pensamento o material necessário a seu crescimento e à sua maturidade.

12. A primeira forma assumida pelo pensamento é a linguagem, são as palavras. Isso mostra a importância delas: elas são a primeira manifestação do pensamento, os recipientes nos quais o pensamento é carregado. Elas se apropriam do éter e, ao colocá-lo em movimento, reproduzem para outros o pensamento sob a forma de som.

13. O pensamento pode conduzir a qualquer tipo de ação, mas, seja esta qual for, ela será apenas a tentativa do pensa-

146 A CHAVE MESTRA

mento de se expressar de maneira visível. Assim, é evidente que, se desejarmos condições favoráveis, só poderemos nos permitir pensamentos favoráveis.

14. Isso leva à conclusão inevitável de que, se desejarmos expressar abundância em nossa vida, só poderemos pensar em abundância. E como as palavras são apenas pensamentos que tomaram forma, devemos ser especialmente cuidadosos e usar somente linguagem construtiva e harmoniosa. Esta, quando finalmente for cristalizada como formas objetivas, trabalhará a nosso favor.

15. Não podemos fugir às imagens que sem cessar fotografamos na mente. Quando adotamos qualquer forma de linguagem não identificada com nosso bem-estar, essa fotografia de conceitos errôneos é exatamente o que está sendo feito com o uso das palavras.

16. Manifestamos cada vez mais vida à medida que nosso pensamento se torna mais nítido e se eleva a planos mais altos. Alcançamos mais facilmente essa condição quando usamos imagens verbais visivelmente definidas, livres dos conceitos ligados a elas nos planos inferiores de pensamento.

17. Nossos pensamentos têm de ser expressos por meio de palavras. Se quisermos utilizar formas mais elevadas de verdade, só podemos fazer uso de material que tenha sido cuidadosa e inteligentemente selecionado com esse objetivo em vista.

18. Esse poder maravilhoso de vestir os pensamentos com a forma das palavras é o que diferencia o homem dos outros animais. Pelo uso da palavra escrita, o homem pôde olhar para séculos atrás e ver as cenas comoventes pelas quais ele chegou à sua herança atual.

19. Ao ser humano foi permitido entrar em comunhão com os maiores escritores e pensadores de todos os tempos.

LIÇÃO 15   **147**

Portanto, o registro combinado que hoje possuímos é a expressão do Pensamento Universal tal como este tem buscado tomar forma na mente humana.

20. Sabemos que o Pensamento Universal tem por meta a criação da forma e sabemos que o pensamento individual também está constantemente tentando se exprimir numa forma. Sabemos que a palavra é uma forma-pensamento e que a sentença é uma combinação de formas-pensamento. Portanto, se quisermos que nosso ideal seja belo ou forte, precisamos observar que as palavras que irão criar esse templo sejam precisas, sejam reunidas com cuidado, porque a exatidão na construção das palavras e sentenças é a forma mais elevada de arquitetura da civilização, além de um passaporte para o sucesso.

21. As palavras são pensamentos e, logo, um poder invisível e invencível. Elas irão, por fim, se materializar na forma que lhes for dada.

22. As palavras podem se tornar lugares mentais que viverão para sempre ou podem se tornar casebres que a primeira brisa derruba. Elas podem deleitar os olhos, assim como os ouvidos. Podem conter conhecimento; nelas podemos encontrar a história do passado e a esperança do futuro. Elas são os mensageiros vivos dos quais são filhas todas as atividades humanas e sobre-humanas.

23. A beleza da palavra consiste na beleza do pensamento; o poder da palavra reside no poder do pensamento e o poder do pensamento está em sua vitalidade. Como podemos identificar um pensamento vital? Quais são suas características distintivas? Deve haver um princípio; como podemos identificar o princípio?

24. Existe um princípio da matemática, mas nenhum princípio do erro; existe um princípio da saúde, mas nenhum

148 A CHAVE MESTRA

da doença; há um princípio da verdade, mas nenhum da desonestidade; temos um princípio da luz, mas nenhum da escuridão; e há um princípio da abundância, mas nenhum da pobreza.

25. Como saber se isso é verdade? Se aplicarmos corretamente o princípio da matemática, teremos certeza dos resultados. Onde há saúde, não há doença. Se conhecermos a verdade, não seremos enganados pelo erro. Se deixarmos entrar a luz, não haverá escuridão, e onde houver abundância, não poderá haver pobreza.

26. Esses são fatos evidentes em si, mas a verdade mais importante parece ter sido perdida de vista: um pensamento que contém um princípio é vital, logo, ele contém vida e consequentemente cria raízes. Com o passar do tempo, certamente ele deslocará os pensamentos negativos que por sua natureza não contêm vitalidade.

27. Mas esse é um fato que lhe permitirá destruir todo tipo de desarmonia, carência e limitação.

28. Sem dúvida, quem for "sábio para entender essas coisas" reconhecerá facilmente que o poder criativo do pensamento lhe deposita nas mãos uma arma invencível e faz dele o dono do próprio destino.

29. No mundo físico há uma lei da compensação segundo a qual "o aparecimento de uma determinada quantidade de energia em um lugar implica o desaparecimento da mesma quantidade de energia em outro lugar". Portanto, observamos que só podemos receber o que dermos; se nos comprometermos com certa ação, precisamos estar preparados para assumir a responsabilidade por suas consequências. O subconsciente não é capaz de argumentar. Ele aceita a nossa palavra. Nós pedimos algo, então devemos recebê-lo. Fizemos a cama, agora precisamos deitar nela. Os dados foram lançados. Os fios irão exibir a padronagem que tecemos.

30. Por isso precisamos usar o discernimento para que o pensamento cultivado por nós não contenha o germe mental, moral ou físico que não desejamos ver materializado em nossa vida.

31. O insight é a faculdade da mente que nos permite ter uma perspectiva mais longa dos fatos e situações, uma espécie de telescópio humano. Ele nos permite compreender as dificuldades, assim como as possibilidades, contidas em qualquer empreendimento.

32. Ele nos prepara para os obstáculos à frente. Dessa forma, podemos superá-los antes que tenham chance de causar problemas.

33. Tal discernimento nos permite planejar da melhor forma possível e voltar o pensamento e a atenção na direção correta, em vez de envolvê-lo em canais que não trarão retorno algum.

34. Absolutamente essencial à evolução de qualquer grande empreitada, o insight nos permite penetrar, explorar e dominar qualquer campo mental.

35. Essa visão subjetiva é um produto do mundo interior e se desenvolve no silêncio, por meio da concentração.

36. Como exercício desta semana, concentre-se no insight: sentado na posição costumeira, concentre-se no pensamento de que estar ciente do poder criativo do pensamento não significa dominar a arte do pensamento. Deixe o pensamento se demorar no fato de que o conhecimento não se aplica sozinho; de que nossas ações não são governadas pelo conhecimento, e sim pelo costume, pelo precedente e pelo hábito; de que só por um esforço consciente e determinado podemos aplicar o co-

150 A CHAVE MESTRA

nhecimento. Lembre-se de que o conhecimento não utilizado desaparece da mente, de que o valor da informação reside na aplicação do princípio. Continue nessa linha de pensamento até ter percepção suficiente para formular um programa concreto de aplicação desse princípio a seu problema específico.

Pensa com verdade e teus pensamentos matarão a fome do mundo; fala com verdade e cada palavra tua será uma semente produtiva; vive com verdade e tua vida será uma grande e nobre profissão de fé.

— HORATIUS BONAR

LIÇÃO 16

AS ATIVIDADES VIBRATÓRIAS DO UNIVERSO PLANETÁrio são governadas por uma lei de periodicidade. Tudo que vive tem períodos de nascimento, crescimento, frutificação e declínio. Esses períodos são governados pela Lei dos Sete.

A Lei dos Sete governa os dias da semana, as fases da Lua, as harmonias do som, a luz, o calor, a eletricidade, o magnetismo, a estrutura atômica. Ela governa a vida dos indivíduos e das nações e domina as atividades do mundo comercial.

A vida é crescimento, e o crescimento é mudança; cada período de sete anos nos leva a um novo ciclo. Os sete primeiros anos assinalam a primeira infância. Os próximos sete anos, o período da infância, representam o começo da responsabilidade individual. Os sete anos seguintes representam o período da adolescência. O quarto período marca o crescimento completo. O quinto período é o período construtivo, quando a pessoa começa a adquirir propriedades, posses, uma casa e uma família. O seguinte, dos 35 aos 42 anos, é um período de reações e mudanças, a que por sua vez sucede um período de reconstrução, ajustes e

152 A CHAVE MESTRA

recuperação, de modo a nos preparar para um novo ciclo de sete anos, que começa aos 50 anos.

Muitos acreditam que o mundo está em vias de sair do sexto período, para entrar em breve no sétimo período, a época das readaptações, da reconstrução e da harmonia, período a que frequentemente se alude como o Milênio.

Quem estiver familiarizado com esses ciclos não se perturbará quando as coisas parecerem não dar certo, mas poderá aplicar o princípio delineado em nossas aulas com a plena certeza de que uma lei mais elevada invariavelmente controla todas as outras leis. A compreensão e a aplicação consciente das leis espirituais nos permitem converter em bênção cada aparente dificuldade.

1. A riqueza é produto do trabalho. O capital é um efeito e não uma causa; é um servo e não um senhor; é um meio e não um fim.

2. A definição mais aceita de riqueza é que ela consiste em todo elemento útil e agradável que possui valor de troca. O valor de troca é a característica predominante da riqueza.

3. Ao analisarmos o pequeno acréscimo que a riqueza traz à felicidade do possuidor, vemos que seu valor real consiste na troca e não em sua utilidade.

4. Esse valor de troca faz da riqueza um meio de obtenção dos elementos de valor real pelos quais podemos realizar nossos ideais.

5. Portanto, a riqueza nunca deve ser desejada como um fim, mas só como o meio de alcançar um fim. O sucesso depende de um ideal mais elevado que a mera acumulação de posses. Aquele que aspira a esse sucesso precisa formular um ideal pelo qual esteja disposto a lutar.

LIÇÃO 16   153

6. Ao se ter em mente um ideal assim, as formas e os meios podem ser fornecidos, e o serão; porém, não se deve cometer o erro de confundir os meios com o fim. É preciso haver um propósito concreto, um ideal.

7. Prentice Mulford disse: "O homem bem-sucedido é aquele que possui a mais alta compreensão espiritual, e toda grande fortuna vem do poder superior e verdadeiramente espiritual." Infelizmente, há quem não reconheça esse poder. Esquecem que a mãe de Andrew Carnegie precisou ajudar a sustentar a família quando recém-chegada aos Estados Unidos, que o pai de Harriman era um pobre clérigo com salário de duzentos dólares anuais e que Sir Thomas Lipton começou a vida com apenas 25 centavos. Esses homens não podiam contar com qualquer outro poder, mas o poder não os abandonou.

8. O poder de criar depende inteiramente do poder espiritual. São três os passos: a idealização, a visualização e a materialização. Todo grande empresário depende exclusivamente desse poder. Em um artigo na *Everybody's Magazine*, Henry M. Flagler, o multimilionário da Standard Oil, confessa que o segredo de seu sucesso foi a capacidade de ver as coisas em sua completude. A seguinte conversa com o repórter mostra o poder de Flagler em idealizar, se concentrar e visualizar, todos eles poderes espirituais:

9. "Você tinha mesmo uma visão da coisa toda? Quero dizer, você realmente conseguia, ou podia, fechar os olhos e ver os trilhos? E os trens circulando? E ouvir os apitos? Você chegou a isso?" "Sim." "Com que discernimento?" "Com muito discernimento."

10. Temos aqui uma visão da lei, vemos "causa e efeito", e que o pensamento obrigatoriamente precede e determina a ação. Se formos sábios, perceberemos o fato notável de que uma condição arbitrária não pode existir por um momento

154 A CHAVE MESTRA

sequer, e veremos que a experiência humana é o resultado de uma sequência organizada e harmoniosa.

11. O empresário de sucesso é quase sempre um idealista, sempre em busca de padrões cada vez mais elevados. A vida é constituída de forças sutis de pensamento que se cristalizam em nossos humores cotidianos.

12. O pensamento é o material plástico com que construímos imagens de nossa progressiva concepção de vida. O uso determina sua existência. Como em todas as outras questões, nossa habilidade de reconhecê-lo e utilizá-lo adequadamente é a condição necessária à sua realização.

13. A riqueza prematura é apenas uma precursora da humilhação e do desastre, pois não podemos reter permanentemente algo que não merecemos e não ganhamos por esforço próprio.

14. As condições que enfrentamos no mundo exterior correspondem às condições encontradas no mundo interior. Isso se dá por conta da Lei da Atração. Desse modo, como podemos determinar o que deve entrar no mundo interior?

15. Tudo o que entra na mente por meio dos sentidos ou da Mente Objetiva causa uma impressão nela e resulta numa imagem mental que se tornará um modelo para as energias criativas. Por um lado, essas experiências resultam principalmente do ambiente, do acaso, de pensamentos passados e de outras formas de pensamento negativo, e devem ser objeto de análise cuidadosa antes de nos ocuparmos delas. Por outro, podemos formar nossas imagens mentais por meio de processos internos de pensamento, sem levar em conta os pensamentos alheios, as condições externas ou qualquer tipo de ambiente. É pelo exercício desse poder que podemos controlar o destino, o corpo, a mente e a alma.

LIÇÃO 16   **155**

16. Pelo exercício desse poder, tiramos o destino das mãos do acaso e construímos conscientemente as experiências que desejamos para nós, porque, ao compreendermos conscientemente uma situação, ela acabará por se manifestar em nossa vida. Portanto, vemos que, em última análise, o pensamento é a grande causa na vida.

17. Consequentemente, controlar o pensamento implica controlar as circunstâncias, as situações, o ambiente e o destino.

18. Então, como controlar o pensamento? Qual é o processo? Pensar é criar um pensamento, mas o resultado do pensamento dependerá da forma, da qualidade e da vitalidade dele.

19. A forma dependerá das imagens mentais de que ele emana, dependerá da intensidade da impressão, da predominância da ideia, da nitidez da visão, da firmeza da imagem.

20. A qualidade depende da substância da forma e essa depende do material de que a mente é composta. Se esse material tiver sido tecido com pensamentos vigorosos, fortes, corajosos, determinados, o pensamento terá essas qualidades.

21. E, finalmente, a vitalidade depende do sentimento de que o pensamento está impregnado. Se o pensamento for construtivo, terá vitalidade, terá vida, crescerá, se desenvolverá, se expandirá, será criativo. Ele atrairá para si o que for necessário ao seu completo desenvolvimento.

22. Se o pensamento for destrutivo, conterá os germes de sua dissolução; ele morrerá, mas no processo de morrer trará mal-estar, doença e toda forma de oposição.

23. A isso damos o nome de mal e, quando atraímos o mal para nós, há quem atribua as dificuldades a um Ser Supremo, que, contudo, é apenas a mente em equilíbrio.

24. Ele não é bom nem mau, simplesmente é.

156 A CHAVE MESTRA

25. Nossa capacidade de diferenciá-lo numa forma é a habilidade de manifestar o bem ou o mal.

26. Portanto, o bem e o mal não são entidades; são apenas palavras que usamos para indicar o resultado de nossas ações, e essas, por sua vez, são predeterminadas pelo caráter de nosso pensamento.

27. Se o pensamento for construtivo e harmonioso, manifestamos o bem; se for destrutivo e desarmônico, manifestamos o mal.

28. Se você deseja visualizar um ambiente diferente, o processo para isso envolve apenas ter em mente um ideal, até suas visões se tornarem reais; não se preocupe com pessoas, locais ou coisas, pois no absoluto não há lugar para elas. O ambiente que você desejar conterá todo o necessário: as pessoas e as coisas certas virão no tempo e no lugar certos.

29. Por vezes, não se evidencia de que maneira o caráter, a habilidade, a realização, a concretização, o ambiente e o destino podem ser controlados pelo poder de visualização, mas isso é um fato científico preciso.

30. Você verá facilmente que aquilo que pensamos determina a qualidade da mente, qualidade que, por sua vez, determina nossa competência e capacidade mental. Você poderá entender que melhorar nossa competência leva naturalmente a um aumento na realização e a um controle maior sobre as circunstâncias.

31. Então veremos que a Lei Natural trabalha de uma maneira perfeitamente natural e harmoniosa: tudo parece ter "apenas acontecido". Se você precisar de uma prova desse fato, basta comparar os resultados dos esforços empenhados em sua vida, quando você age motivado por ideais mais elevados,

LIÇÃO 16   **157**

e quando tem em mente razões egoístas ou inconfessáveis. Nenhuma outra prova será necessária.

32. Se você quiser realizar qualquer desejo, forme uma imagem mental de sucesso, visualizando conscientemente seu desejo. Dessa forma, irá forçar o sucesso, irá exteriorizá-lo em sua vida por meio de métodos científicos.

33. Só podemos ver o que já existe no mundo objetivo, mas o que visualizamos já existe no mundo espiritual, e essa visualização é uma representação substancial do que um dia irá aparecer no mundo objetivo, se formos fiéis a nosso ideal. A razão para tanto não é complicada: a visualização é uma forma de imaginação. Esse processo de pensamento gera na mente impressões que, por sua vez, formam conceitos e ideais. Estes são, por sua vez, as plantas que o Mestre Arquiteto utiliza para construir o futuro.

34. Os psicólogos chegaram à conclusão de que só existe um sentido: o sentimento, do qual todos os outros sentidos são apenas modificações. Caso seja verdade, sabemos por que o sentimento é o verdadeiro manancial de poder, por que as emoções se sobrepõem ao intelecto com tanta facilidade e por que temos de injetar sentimento em nosso pensamento, se quisermos resultados. O pensamento e os sentimentos são uma combinação irresistível.

35. É óbvio que a visualização deve ser dirigida pela vontade. Cumpre visualizar exatamente o desejado. Devemos cuidar para que a imaginação não saia do controle. Apesar de boa empregada, a imaginação é má patroa. Se não a controlarmos, poderá facilmente nos levar a toda espécie de especulações e conclusões sem qualquer base ou fundamentação factual. Todo tipo de opinião plausível tende a ser recebido sem um exame analítico, daí resultando inevitavelmente o caos mental.

36. Portanto, precisamos construir somente imagens mentais que saibamos ser cientificamente verdadeiras. Submeta toda ideia a uma análise criteriosa e não aceite o que não for cientificamente exato. Assim, você só tentará coisas que possa finalizar, e seus esforços terão sucesso. A isso os empresários chamam visão de longo alcance, muito similar à intuição, e um dos grandes segredos do sucesso em qualquer empreendimento de vulto.

37. Como exercício desta semana, busque compreender o importante fato de que harmonia e felicidade são estados de consciência, e não dependem da posse de bens. De que os objetos são efeitos e vêm como consequência dos estados mentais corretos. Assim, se desejarmos qualquer tipo de bem material, nossa principal preocupação deve ser adquirir a atitude mental que trará o resultado desejado. Essa atitude mental deriva da compreensão de nossa natureza espiritual e de nossa unidade com a Mente Universal, a substância de todas as coisas. Essa percepção trará todo o necessário à nossa completa satisfação. Isso implica pensar cientificamente ou pensar corretamente. Quando conseguimos manifestar essa atitude mental, torna--se relativamente fácil perceber o desejo como um fato já manifestado. Quando conseguirmos fazê-lo, teremos encontrado a "verdade" que nos torna "livres" de qualquer escassez ou limitação.

Um homem pode modelar uma estrela e deixá-la livre para circular em sua órbita, e, apesar disso, não ter realizado diante de Deus um feito tão memorável quanto o daquele que deixa um pensamento precioso circular pelas gerações do tempo.

— H. W. Beecher

LIÇÃO 17

O TIPO DE DIVINDADE ADORADA POR UM HOMEM, DE MODO consciente ou inconsciente, indica seu estado intelectual.

Pergunte a um indivíduo de um povo originário norte-americano sobre Deus e ele descreverá um chefe poderoso de uma nação gloriosa. Pergunte a um pagão sobre Deus e ele irá falar de um deus do fogo, um deus da água, um deus disso ou daquilo.

Pergunte a um israelita sobre Deus e ele lhe falará do Deus de Moisés, que considerava interessante dominar por medidas coercitivas, daí os Dez Mandamentos. Ou o Deus de Josué, que conduziu os israelitas à guerra, confiscou propriedades, assassinou prisioneiros e destruiu cidades.

Os chamados pagãos fizeram "imagens esculpidas" de seus deuses, que eles estavam acostumados a adorar, mas essas imagens, ao menos para os mais inteligentes, não eram mais que os fulcros visíveis graças aos quais eles podiam se concentrar mentalmente nas qualidades que desejavam exteriorizar em sua vida.

No século XX, teoricamente, louva-se a um deus de amor, mas na prática fazemos para nós "imagens esculpidas" de "Ri-

160 A CHAVE MESTRA

queza", "Poder", "Moda", "Costumes" e "Convenções Sociais".
Nós "caímos de joelhos" diante deles e os adoramos. Nós nos
concentramos neles e consequentemente os exteriorizamos
em nossa vida.

O estudante que dominar os conceitos desta lição não con-
fundirá os símbolos com a realidade. Ele estará interessado
nas causas e não nos efeitos. Concentrado nas realidades da
vida, ele não será, portanto, decepcionado pelos resultados.

1. Dizem que o homem tem "domínio sobre tudo"; esse
domínio se estabelece por meio da mente. O pensamento é a
atividade que controla cada princípio que lhe está subjacente.
O princípio mais elevado, em razão da essência e das qualidades superiores que detém, necessariamente determina as
circunstâncias, os aspectos e a relação de tudo com que entra
em contato.

2. As vibrações das forças mentais são as mais refinadas e,
consequentemente, as mais poderosas que existem. Para quem
percebe a natureza e a transcendência da força mental, todo
poder físico parece insignificante.

3. Estamos acostumados a olhar o Universo através das
lentes dos cinco sentidos, e dessas experiências se originam
nossas concepções antropomórficas. As concepções verdadeiras, porém, só são obtidas por meio da percepção intuitiva
espiritual. Esta exige uma aceleração das vibrações da mente,
o que só é assegurado quando a mente se mantém continuamente concentrada numa determinada direção.

4. A concentração contínua implica um fluxo regular e
ininterrupto de pensamento e é o resultado de um sistema
paciente, persistente, perseverante e bem regulado.

5. As grandes descobertas resultam de uma investigação
prolongada. Para dominar a ciência da matemática, são neces-

LIÇÃO 17   **161**

sários anos de esforço contínuo e a maior ciência — a da mente — só se revela por meio de um esforço concentrado.

6. A concentração é muito mal compreendida: a ela parece estar associada à ideia de esforço ou atividade, quando o necessário é exatamente o contrário. A grandeza de um ator reside em se esquecer de si mesmo na representação do personagem, identificando-se de tal forma com ele que a plateia é dominada pelo realismo do desempenho. Isso dará a você uma boa ideia da verdadeira concentração. Cumpre ficar tão absorto no próprio pensamento, tão envolvido com o assunto, que já não resta consciência de mais nada. Tal concentração leva à percepção intuitiva e à imediata penetração da natureza do objeto em que você se concentrou.

7. Todo conhecimento resulta de uma concentração como essa. Foi assim que foram extraídos os segredos do Céu e da Terra. Assim a mente se torna um ímã; o desejo de saber puxa o conhecimento, atraindo-o irresistivelmente e dele se apropriando.

8. O desejo é, sobretudo, subconsciente; o desejo consciente quase nunca torna concreto seu objetivo quando este está fora do alcance imediato. O desejo subconsciente desperta as faculdades latentes da mente, e problemas complicados parecem se resolver sozinhos.

9. Por meio da concentração, a Mente Subconsciente pode ser despertada e levada a agir em qualquer direção, e a nos servir para qualquer propósito. A prática da concentração exige o controle do ser físico e mental; todas as formas de consciência, sejam físicas, sejam mentais, devem estar controladas.

10. A verdade espiritual, portanto, é o fator controlador. Ela permite que você cresça para além das conquistas limitadas e alcance um ponto em que será capaz de traduzir modos de pensamento em caráter e consciência.

162 A CHAVE MESTRA

11. A concentração não implica apenas ter pensamentos, mas transmutar esses pensamentos em valores práticos. As pessoas comuns não têm ideia do significado da concentração. Elas sempre buscam "ter", mas nunca "ser". Não entendem que não se pode ter um sem ter o outro, que primeiro é preciso encontrar o "reino", antes de ter as "coisas acrescentadas". O entusiasmo momentâneo não tem valor; a meta só é alcançada por meio de uma autoconfiança ilimitada.

12. A mente pode situar o ideal numa altura exagerada e não alcançar o objetivo. Ao tentar o voo com asas destreinadas, ela pode cair ao chão em vez de voar. Nada disso é razão para não tentar de novo.

13. A fraqueza é a única barreira para a realização mental; atribua sua fraqueza a limitações físicas ou incertezas mentais e tente novamente; a desenvoltura e a perfeição serão obtidas pela repetição.

14. O astrônomo focaliza a mente nas estrelas e elas entregam seus segredos; o geólogo focaliza a mente na construção da terra e temos a geologia. Assim também são todas as coisas: o homem focaliza a mente nos problemas da vida e o resultado se revela na vasta e complexa ordem social de nossos dias.

15. Todo tipo de descoberta ou realização mental é resultado do desejo somado à concentração. O desejo é o modo de ação mais forte: quanto mais persistente ele for, mais digna de respeito é a revelação. O desejo somado à concentração extrairá da natureza qualquer segredo.

16. Quando concretiza grandes pensamentos, quando experimenta as grandes emoções correspondentes a eles, a mente está em estado de apreciar o valor das coisas mais elevadas.

17. A intensidade da fervorosa concentração de um momento e o intenso desejo de transformar e realizar podem

LIÇÃO 17   **163**

levar você mais longe que anos de esforço normal constante e pertinaz. A concentração e o desejo abrirão a porta da prisão da descrença, da fraqueza, da impotência e da autodepreciação. Você alcançará a alegria de superar as dificuldades.

18. O espírito de iniciativa e originalidade se desenvolve por meio da persistência e da continuidade no esforço mental. Os negócios ensinam o valor da concentração e promovem a decisão de caráter; eles ampliam a intuição prática e a rapidez da conclusão. Em toda atividade comercial, o elemento mental domina como fator de controle e o desejo é a força predominante. Todas as relações comerciais são exteriorizações do desejo.

19. Nas atividades comerciais são desenvolvidas muitas das virtudes sólidas e substanciais: a mente fica firme e direcionada e se torna eficiente. O mais necessário é o fortalecimento da mente para que ela supere as distrações e os impulsos caprichosos da vida instintiva e consiga superar o conflito entre o ser mais alto e o mais baixo.

20. Todos nós somos dínamos, mas o dínamo por si só não é nada. A mente deve operar o dínamo, que então será útil e poderá ter sua energia decididamente concentrada. A mente é um motor de potência inimaginável. O pensamento é um poder que tudo opera. É o administrador e o criador de todas as formas e todos os acontecimentos que ocorrem como formas. A energia física não é nada em comparação com a onipotência do pensamento, já que este permite ao homem controlar todos os outros poderes naturais.

21. A vibração é a ação do pensamento; ela se projeta e atrai o material necessário à construção. O poder do pensamento não tem mistério. A concentração implica apenas que a consciência pode ser focalizada a ponto de se identificar com o

164 A CHAVE MESTRA

objeto de sua atenção. Tal como o alimento ingerido é a essência do corpo, também a mente absorve o objeto de sua atenção e lhe dá vida e existência.

22. Se você se concentrar em algum assunto importante, o poder intuitivo será posto em funcionamento e a ajuda virá na natureza da informação que levará ao sucesso.

23. A intuição chega a conclusões sem a ajuda da experiência ou da memória. Com frequência, ela resolve problemas que estão além do alcance do poder de raciocínio. Como surge em geral de forma surpreendentemente brusca, a intuição revela de modo tão decisivo a verdade buscada que esta parece ter vindo de um poder mais alto. A intuição pode ser cultivada e desenvolvida, devendo para isso ser reconhecida e apreciada. Se o visitante intuitivo receber uma esplêndida acolhida ao chegar, ele virá novamente. Quanto mais cordial a acolhida, mais frequentes serão suas visitas. Se, no entanto, ele for ignorado ou negligenciado, tornará poucas e menos frequentes essas ocasiões.

24. A intuição geralmente surge no silêncio. As grandes mentes frequentemente buscam a solidão, pois é na solidão que são elaborados todos os grandes problemas da vida. Por isso todo empresário que dispõe de recursos possui uma sala particular onde não é perturbado. Se você não puder fazer o mesmo, poderá pelo menos encontrar um lugar no qual todo dia possa se isolar por alguns minutos, para treinar o pensamento de modo a desenvolver o poder invencível que é necessário adquirir.

25. Lembre-se de que na essência o subconsciente é onipotente; não há limite para o que pode ser feito quando ele recebe o poder de agir. O grau de sucesso de alguém é determinado pela natureza do desejo. Se a natureza de seu desejo estiver em

LIÇÃO 17   **165**

harmonia com a Lei Natural ou com a Mente Universal, ela irá gradualmente emancipar sua mente e dar a você uma coragem invencível.

26. Cada obstáculo superado, cada vitória alcançada dará a você mais fé no próprio poder e maior capacidade de vencer. Sua força é determinada pela atitude mental. Se esta for uma postura de sucesso mantida permanentemente com um propósito inabalável, você atrairá para si, de dentro da esfera invisível, aquilo que silenciosamente pediu.

27. Se o pensamento for mantido na mente, irá aos poucos assumir uma forma tangível. Um propósito definido põe em ação causas que avançam para o mundo invisível e encontram o material necessário para servir a seu propósito.

28. Talvez você esteja buscando os símbolos do poder, e não o próprio poder. Você pode estar perseguindo a fama, em vez da honradez; bens materiais, em vez de riqueza; uma posição, em vez da oportunidade de servir. Em todos esses casos você verá que, tão logo alcançadas, tais coisas se convertem em cinzas.

29. Riqueza ou posição adquirida cedo demais não tem duração porque não foi merecida. Nós só obtemos aquilo que damos, e quem tenta ganhar sem dar sempre descobre que, implacável, a Lei da Compensação efetua o equilíbrio exato.

30. A disputa tem sido, em geral, por dinheiro e outros símbolos de poder, mas pela compreensão da verdadeira fonte de poder é possível conceder a si mesmo o luxo de ignorar os símbolos. O dono de uma conta bancária grande não vê necessidade de encher os bolsos de ouro. O mesmo acontece com quem encontrou a verdadeira fonte de poder — já não se interessa mais por imitações ou empáfia.

31. Em geral, o pensamento está voltado à direção da evolução, mas pode se voltar para dentro, onde se apossará dos

166 A CHAVE MESTRA

princípios básicos das coisas, do coração das coisas, do espírito das coisas. Quando se chega ao âmago das coisas, é relativamente fácil compreendê-las e dirigi-las.

32. Isso ocorre porque o espírito de uma coisa é a própria coisa, a parte vital dela, sua verdadeira substância. A forma é simplesmente a manifestação externa da atividade espiritual interna.

33. Como exercício desta semana, concentre-se tanto quanto possível, segundo o método delineado nesta lição. Não permita qualquer esforço ou atividade consciente associada ao seu propósito. Relaxe completamente, evite qualquer pensamento de ansiedade em relação aos resultados. Lembre-se de que o poder vem do repouso. Deixe o pensamento se demorar em seu objeto até se identificar com ele por completo, até você não ter consciência de mais nada.

34. Se quiser eliminar o medo, concentre-se na coragem.

35. Se quiser eliminar a escassez, concentre-se na abundância.

36. Se quiser eliminar a doença, concentre-se na saúde.

37. Trate sempre de se concentrar no ideal como se ele fosse um fator já existente; este é o germe, o princípio da vida que se projeta e põe em movimento as causas que dirigem, direcionam e concretizam a relação necessária, que acaba por se manifestar como forma.

O pensamento é propriedade apenas dos que se ocupam dele.

— Emerson

LIÇÃO 18

PARA CRESCER, PRECISAMOS OBTER O NECESSÁRIO AO nosso crescimento. Fazemos isso por meio da Lei da Atração. Esse princípio é o único meio pelo qual o indivíduo se diferencia do Universal.

Pense por um momento no que seria um homem, caso não fosse marido, pai ou irmão, se não tivesse interesse pelo mundo social, econômico, político ou religioso. Ele seria apenas um ego abstrato, teórico. Portanto, o homem só existe em sua relação com o todo, com outros homens, com a sociedade. Essa relação, e nenhuma outra, compõe seu ambiente.

Portanto, é evidente que o indivíduo é apenas a diferenciação da Mente Universal, "que, vinda ao mundo, ilumina todo homem". É evidente que a dita individualidade — ou personalidade — não é senão a maneira pela qual ele se relaciona com o todo.

Chamamos a isso seu ambiente, que é criado pela Lei da Atração. A seguir, temos mais a dizer sobre essa importante lei.

1. Há uma mudança no pensamento do mundo. Ela está silenciosamente se infiltrando entre nós e é mais importante que qualquer outra ocorrida no mundo desde a queda do paganismo.

168 A CHAVE MESTRA

2. Essa revolução nas opiniões de todos os tipos de homem, dos mais eminentes e cultos aos da classe trabalhadora, não encontra paralelo na história do mundo.

3. Ultimamente a ciência fez descobertas tão importantes, revelou tal infinidade de recursos, desvendou possibilidades tão grandes e tantas forças desconhecidas que os cientistas hesitam cada dia mais em afirmar que certas teorias estão estabelecidas e acima de dúvidas, e também em negar outras teorias, considerando-as absurdas ou impossíveis.

4. Uma nova civilização está nascendo. Costumes, crenças e precedentes estão desaparecendo e a visão, a fé e as cerimônias religiosas estão assumindo seus lugares. Os grilhões da tradição estão sendo retirados da humanidade e, à medida que são consumidas as impurezas do materialismo, o pensamento se liberta e a verdade, envolta num manto, surge diante da multidão assombrada.

5. O mundo inteiro está no limiar de uma nova consciência, um novo poder e uma nova percepção dentro do ser.

6. A Ciência Física definiu a matéria como moléculas, as moléculas como átomos, os átomos como energia, e coube a J. A. Fleming, em uma palestra proferida na Royal Institution, apresentar energia como definição de mente. Ele declarou: "Em sua essência mais profunda, a energia talvez não possa ser compreendida por nós a não ser como uma exibição da operação direta do que chamamos de mente ou vontade."

7. E essa mente é congênita e suprema. Ela é iminente na matéria e no espírito. É o Espírito do Universo que sustenta, energiza e permeia tudo.

8. Todo ser vivo precisa ser sustentado por essa inteligência onipotente. Vemos que as diferenças entre as vidas individuais se medem principalmente pelo grau dessa inteligência mani-

LIÇÃO 18 **169**

festado nelas. Um grau maior de inteligência é o que situa o animal numa escala de ser superior à da planta. O homem está acima do animal. E vemos que essa inteligência em ascensão é mais uma vez indicada pelo poder do indivíduo de controlar os estilos de ação e, dessa forma, ajustar-se conscientemente ao meio ambiente.

9. Essa adaptação é o que ocupa a atenção das maiores mentes. Ela nada mais é que o reconhecimento de uma ordem existente na Mente Universal, pois sabemos bem que essa mente nos obedecerá na mesma proporção em que obedecermos a ela.

10. O reconhecimento das Leis Naturais foi o que nos permitiu aniquilar o tempo e o espaço, viajar pelo ar e fazer o ferro flutuar. Quanto maior o grau de inteligência, maior será nosso reconhecimento dessas Leis Naturais e maior o poder que poderemos possuir.

11. O reconhecimento do eu como uma individualização dessa Inteligência Universal permite ao indivíduo controlar as formas de inteligência que ainda não alcançaram esse nível de reconhecimento de si mesmas; estas não sabem que a Inteligência Universal permeia todas as coisas e está pronta a ser chamada à ação. Não sabem que essa inteligência é sensível a toda solicitação; consequentemente, submetem-se à lei de seu ser.

12. O pensamento é criativo e o princípio que serve de base para a lei é sólido, legítimo e inerente à natureza das coisas. Mas esse poder criativo não se origina no individual e sim no Universal, que é a fonte e o alicerce de toda energia e matéria; o indivíduo é apenas o canal para a distribuição da energia.

13. O indivíduo é apenas o meio pelo qual o Universal produz as diversas combinações que resultam na formação dos

170 A CHAVE MESTRA

fenômenos. Esses fenômenos dependem da Lei da Vibração, segundo a qual frequências distintas de velocidade do movimento da substância primária formam novas substâncias, apenas em certas proporções numéricas exatas.

14. O pensamento é o elo invisível por meio do qual o indivíduo se comunica com o Universal, o finito com o Infinito, o visível com o Invisível. O pensamento é a mágica que transforma o ser humano num ser que pensa, sabe, sente e age.

15. Assim como o aparelho adequado possibilitou ao olho descobrir mundos a milhões de quilômetros de distância, assim também, com a compreensão adequada, foi permitido ao homem se comunicar com a Mente Universal, a fonte de todo poder.

16. Geralmente, a compreensão desenvolvida não passa de uma "crença", sem qualquer significado. Os habitantes do arquipélago de Fiji acreditam em alguma coisa, mas isso não prova nada.

17. A única crença dotada de algum valor é aquela que foi submetida a teste e validada como fato. Então ela deixa de ser uma crença e se torna uma fé ou verdade viva.

18. Essa verdade foi posta à prova por centenas de milhares de pessoas e se mostrou autêntica na exata proporção da utilidade do instrumento empregado por elas.

19. Não se pode esperar que um homem localize estrelas a centenas de milhões de quilômetros de distância sem usar um telescópio suficientemente possante. Por isso a ciência continuamente se envolve na construção de telescópios maiores e mais possantes, e é constantemente recompensada com mais conhecimentos sobre os corpos celestes.

20. O mesmo se dá com o entendimento; os homens estão sempre realizando progresso nos métodos que utilizam

LIÇÃO 18   171

para a comunicação com a Mente Universal e suas infinitas possibilidades.

21. A Mente Universal se manifesta no plano objetivo por meio do princípio da atração que cada átomo exerce, em graus infinitos de intensidade, sobre qualquer outro átomo.

22. É graças a esse princípio de combinação e atração que as coisas são reunidas. O princípio tem aplicação universal e é o único meio pelo qual o propósito da existência se transforma em efeito.

23. O crescimento se expressa em sua maneira mais elegante por meio da instrumentalidade desse Princípio Universal.

24. Para crescer, precisamos obter o que é essencial ao crescimento. Mas como sempre somos entidades pensantes completas, essa completude só nos permite receber quando damos. Consequentemente, o crescimento é condicionado por uma ação recíproca, e vemos que no plano mental o semelhante atrai o semelhante e as vibrações mentais respondem apenas na medida de sua harmonia vibratória.

25. Assim, é lógico que pensamentos de abundância só irão reagir a pensamentos similares; verifica-se que a riqueza do indivíduo é aquilo que lhe é inerente. A afluência interior se revela como o segredo da afluência exterior. Vê-se que a capacidade de produção é a verdadeira fonte da riqueza do indivíduo. Por isso, aquele que de coração se dedica ao trabalho certamente terá sucesso ilimitado. Ele dará constantemente e, quanto mais der, mais receberá.

26. Os grandes financistas de Wall Street, os grandes industriais, os estadistas, os grandes advogados corporativos, os inventores, os médicos, os escritores — com o que eles contribuem para a felicidade humana senão com o poder de seu pensamento?

172 A CHAVE MESTRA

27. O pensamento é a energia que a Lei da Atração colocou em operação, e que, em algum momento, se manifesta como abundância.

28. A Mente Universal é a mente estática ou matéria em equilíbrio. Ela se diferencia e se converte em forma por meio de nosso poder de pensar. O pensamento é a porção dinâmica da mente.

29. O poder depende da consciência do poder. Se não o usarmos, nós o perderemos; se não estivermos conscientes dele, não poderemos usá-lo.

30. O uso desse poder depende da atenção. O grau de atenção determina nossa capacidade de aquisição de conhecimento, o que representa outra forma de descrever o poder.

31. A atenção é considerada a marca distintiva da genialidade. Cultivar atenção depende de prática.

32. O incentivo da atenção é o interesse: quanto maior o interesse, maior a atenção; quanto maior a atenção, maior o interesse — ação e reação. Comece prestando atenção. Logo você terá despertado o interesse. Esse interesse irá atrair mais atenção, e essa atenção produzirá mais interesse, e assim por diante. Essa prática permitirá cultivar o poder da atenção.

33. Esta semana, concentre-se em seu poder de criar; busque a intuição, a percepção; tente encontrar uma base lógica para a fé que existe em você. Deixe o pensamento se deter no fato de que o homem físico vive e se move — o ser dele está mergulhado no que sustenta toda a vida orgânica, o ar, que precisamos respirar para viver. Então deixe o pensamento se deter no fato de que o homem espiritual também vive e se move e tem seu ser mergulhado numa energia similar, embora mais sutil, da qual ele necessita para viver. Assim como no mundo físico nenhuma vida toma forma sem o plantio de

LIÇÃO 18   **173**

uma semente e nenhum fruto é mais refinado que os próprios ancestrais, também no mundo espiritual nenhum efeito pode se produzir sem o plantio da semente, de cuja natureza dependerá o fruto. Portanto, o resultado que você obtém depende de sua percepção da lei no poderoso domínio da causalidade, a mais alta evolução da consciência humana.

Qualquer pensamento em minha mente tende rapidamente a se converter em um poder e a organizar uma imensa instrumentalidade de meios.

— EMERSON

LIÇÃO 19

O MEDO É UMA PODEROSA FORMA DE PENSAMENTO. Ele paralisa os centros nervosos, afetando a circulação do sangue. Isso, por sua vez, paralisa o sistema muscular, de modo que o medo afeta o indivíduo inteiro, o corpo, o cérebro e os nervos, os níveis físico, mental e muscular.

Naturalmente, o modo de vencer o medo é tornar-se consciente do poder. O que será essa força misteriosa a que chamamos poder? Não sabemos, mas, por sua vez, tampouco sabemos o que é a eletricidade.

Mas sabemos que, ao aceitarmos as exigências da lei que governa a eletricidade, ela será nossa servidora obediente. Ela irá iluminar nossas casas e cidades, movimentar nossas máquinas e nos servir em todos os momentos que a ela recorrermos.

O mesmo ocorre com a força vital. Embora sem sabermos o que ela é, e talvez jamais chegaremos a saber, temos a consciência de que ela é uma força primária que se manifesta por intermédio dos corpos vivos, e que ao acatar as leis e os princípios pelos quais ela é governada, podemos nos abrir a um fluxo mais abundante dessa energia vital e, assim, expressar o grau mais elevado possível de eficiência mental, moral e espiritual.

176 A CHAVE MESTRA

A Lição 19 fala, de modo muito simples, de como desenvolver a força vital. Se você puser em prática a informação exposta nesta aula, em breve irá expressar o senso de poder, que sempre foi a marca distintiva da genialidade.

1. A busca da verdade já não constitui uma aventura aleatória, e sim um processo sistemático, e é lógica em sua operação. Todos os tipos de experiência têm voz na tomada de decisão.

2. Ao buscar a verdade, estamos buscando a causa suprema; sabemos que toda experiência humana é um efeito. Então, se na avaliação da causa virmos que ela pode ser conscientemente controlada por nós, o efeito ou a experiência também estarão sob nosso controle.

3. A experiência humana já não estará então à mercê do destino; o ser humano não será o filho da fortuna, mas, sim, do destino. O destino e a fortuna serão controlados com a mesma prontidão com que um capitão controla um navio ou o maquinista controla um trem.

4. No fim, todas as coisas são redutíveis ao mesmo elemento, e por serem dessa forma traduzíveis, uma em termos da outra, elas devem estar sempre em relação recíproca e talvez nunca estejam em oposição entre si.

5. No mundo físico existem inúmeros contrastes, e para efeito de conveniência eles podem ser designados por nomes distintivos. Existem tamanhos, cores, matizes ou finalidades para todas as coisas. Há um polo norte e um polo sul, o lado interno e o lado externo, o visível e o invisível, mas essas expressões servem apenas para fazer os extremos contrastarem.

6. Eles são nomes dados a duas partes distintas de uma quantidade. Os dois extremos são relativos; eles não são entidades separadas, mas, sim, duas partes ou dois aspectos do todo.

LIÇÃO 19   177

7. No mundo mental encontramos a mesma lei: falamos de conhecimento e ignorância, mas ignorância é apenas falta de conhecimento, e por isso vemos que é só uma palavra para expressar a ausência de conhecimento; em si mesma, ela não tem princípio.

8. No mundo moral encontramos de novo a mesma lei. Fala-se de bem e mal, mas o Bem é uma realidade, algo tangível, enquanto o Mal não passa de uma condição negativa, a ausência de bem. O mal é por vezes considerado uma condição muito real, mas não tem princípio, não tem vivacidade, não tem vida; sabemos disso porque ele pode sempre ser destruído pelo Bem; exatamente como a verdade destrói o erro e a luz destrói a escuridão, assim também o Mal desaparece quando o Bem aparece; portanto, existe apenas um princípio no mundo moral.

9. Encontramos exatamente a mesma lei em vigor no mundo espiritual; falamos de mente e matéria como duas entidades separadas, porém uma percepção mais objetiva torna evidente que só existe um princípio operativo: a mente.

10. A mente é o real e o eterno. A matéria fica se alterando o tempo todo: sabemos que nos éons de tempo o intervalo de cem anos não passa de um dia. Se pararmos em qualquer cidade grande e repousarmos os olhos nos numerosos edifícios grandes e magníficos, na vasta exposição de automóveis modernos, telefones celulares, luzes elétricas e todas as outras conveniências da moderna civilização, podemos recordar que nenhuma delas estava presente há apenas cem anos. E se pudéssemos parar no mesmo lugar no prazo de cem anos, com toda a probabilidade descobriríamos que pouquíssimos deles permaneceram.

11. No reino animal encontramos a mesma lei de mudança. Os milhões e milhões de animais nascem e morrem, com

178 A CHAVE MESTRA

o escopo de sua vida constituído por alguns anos. No mundo vegetal a mudança é ainda mais rápida. Muitas plantas e quase todas as gramíneas nascem e morrem num mesmo ano. Quando passamos para a esfera do inorgânico, esperamos encontrar algo mais substancial; mas quando contemplamos o continente aparentemente sólido, informam-nos que ele surgiu do oceano; vemos a montanha gigantesca e nos dizem que o lugar onde ela agora se ergue outrora foi um lago; e quando paramos admirados diante dos imensos penhascos do vale do Yosemite, podemos facilmente vislumbrar a trajetória dos glaciares que carregaram todos eles diante de si.

12. Estamos na presença da mudança contínua, e sabemos que essa mudança é apenas a evolução da Mente Universal, o grandioso processo pelo qual todas as coisas são continuamente recriadas. Conscientes de que a matéria é apenas uma forma assumida pela mente, vemos que ela não passa de uma condição. A matéria não tem princípio; a mente é o único princípio.

13. Chegamos então a constatar que essa mente é o único princípio operacional no mundo físico, mental, moral e espiritual.

14. Também sabemos que essa mente é estática, mente em repouso; sabemos que a capacidade do indivíduo de pensar é a capacidade de agir sobre a Mente Universal e convertê-la em mente dinâmica, ou mente em movimento.

15. Para tanto, o combustível tem de ser injetado sob a forma de alimento, pois o homem não consegue pensar sem comer, e assim verificamos que até mesmo uma atividade espiritual como o pensamento só pode ser convertida em fonte de prazer e lucro mediante o emprego de meios materiais.

16. É necessária alguma espécie de energia para recolher a eletricidade e convertê-la em poder dinâmico. Os raios solares são necessários para fornecer a energia exigida pelo sustento

LIÇÃO 19   **179**

da vida vegetal. Logo, para o indivíduo poder pensar e, assim, agir sobre a Mente Universal, também é necessário dispor de energia sob a forma de alimento.

17. O pensamento, como você talvez saiba, ou não, fica tomando forma constante e eternamente. Ele está sempre em busca de se expressar. De todo modo, o fato é que, se seu pensamento é poderoso, construtivo e positivo, isso se dará visivelmente a perceber no estado de sua saúde, de seus negócios e de seu ambiente. Se seu pensamento é fraco, crítico, destrutivo e negativo em geral, ele se manifestará em seu corpo como medo, preocupação e nervosismo; em suas finanças, como escassez e limitação e nas condições conflituosas de seu ambiente.

18. Toda riqueza é fruto do poder; as posses só têm valor quando conferem poder. As ocorrências só são significativas quando afetam o poder; todas as coisas representam certas formas e graus de poder.

19. O conhecimento de causa e efeito conforme mostrado pelas leis que governam o vapor, a eletricidade, a afinidade química e a gravitação permite à humanidade planejar corajosamente e executar destemidamente. Essas leis são chamadas Leis Naturais, porque governam o mundo físico, mas nem todo poder é poder físico. Há também o Poder Mental, e ainda o Poder Moral e o Espiritual.

20. O que são nossas escolas, nossas universidades, senão centrais elétricas de poder, lugares onde o Poder Mental está sendo desenvolvido?

21. Assim como existem muitas centrais elétricas potentes para aplicação do poder a um maquinário poderoso, graças ao qual a matéria-prima é convertida para as necessidades e os confortos da vida, assim também as usinas de poder mental

180 A CHAVE MESTRA

reúnem a matéria-prima que cultivam e beneficiam e convertem-na num poder infinitamente superior a todas as forças da natureza, por mais extraordinárias que sejam.

22. O que é essa matéria-prima que está sendo coletada em milhares de centrais elétricas mentais pelo mundo afora e transformada no poder que está evidentemente controlando todos os outros poderes? Em sua forma estática, é a mente; em sua forma dinâmica, o pensamento.

23. Esse poder é superior porque existe num plano mais alto, porque permitiu ao homem descobrir a lei pela qual essas maravilhosas forças da natureza podiam ser capturadas e levadas a fazer a tarefa de centenas de milhares de homens. Ele permitiu ao ser humano descobrir leis pelas quais foram aniquilados o tempo e o espaço e foi vencida a Lei da Gravidade.

24. O pensamento é a força ou energia vital que está sendo desenvolvida e na última metade do século XX produziu resultados tão surpreendentes que deu lugar a um mundo absolutamente inconcebível para quem tivesse vivido há meio século ou um quarto de século. Se esses resultados foram garantidos pela organização dessas centrais elétricas mentais em cinquenta anos, o que não se poderá esperar dos próximos cinquenta?

25. A substância a partir da qual são criadas todas as coisas é infinita em quantidade. Sabemos que a luz viaja à velocidade de 300.000 km/s, e sabemos que há estrelas tão remotas que sua luz leva dois mil anos para nos alcançar; e sabemos que tais estrelas existem em todas as partes do Céu. Também sabemos que essa luz se propaga em ondas, de modo que, se não fosse contínuo o éter em que viajam, elas não conseguiriam nos alcançar. Só podemos então chegar à conclusão de que essa substância, ou éter, ou matéria-prima, está universalmente presente.

LIÇÃO 19 **181**

26. Como, então, ela se manifesta em forma? Na ciência elétrica uma bateria é formada pela conexão de polos opostos de cobre e zinco, o que leva uma corrente a fluir de um polo a outro, produzindo energia. Esse mesmo processo é repetido com relação a todas as polaridades, e como todas as formas simplesmente dependem da frequência vibratória das consequentes relações dos átomos uns com os outros, se desejarmos mudar a forma da manifestação, devemos mudar a polaridade. Este é o princípio da causalidade.

27. Para seu exercício desta semana, concentre-se — e, quando eu uso a palavra concentrar, quero dizer tudo o que ela implica; absorver-se no objeto do pensamento a ponto de não ter consciência de qualquer coisa mais — e faça isso alguns minutos por dia. Para nutrir o corpo, você reserva o tempo necessário às refeições; por que não reservar tempo à assimilação do alimento mental?

28. Deixe o pensamento se deter no fato de que as aparências enganam. A Terra não é plana, tampouco estacionária; o Céu não é uma cúpula, o Sol não se move, as estrelas não são pontinhos de luz, e descobriu-se que a matéria, outrora considerada fixa, se encontra em estado de fluxo perpétuo.

29. Tente entender que rapidamente se aproxima o dia — sua alvorada em breve irá raiar — em que os modos de pensar e agir terão de ser ajustados ao conhecimento, em constante progressão, da operação de princípios eternos.

O pensamento silencioso é, afinal de contas, o agente mais poderoso dos negócios humanos.

— CHANNING

LIÇÃO 20

Durante muitos anos houve uma interminável discussão sobre as origens do mal. Os teólogos nos disseram que Deus é amor e que Deus é onipresente. Se isso é verdade, não há um só lugar onde Deus não esteja. Onde, então, estão o Mal, o diabo e o inferno?

Vejamos: Deus é Espírito. O Espírito é o princípio criativo do Universo. O homem foi feito à imagem e semelhança de Deus. O homem é, portanto, um ser espiritual. A única atividade que o espírito possui é o poder de pensar. O pensamento é, portanto, um processo criativo. Toda forma é, portanto, o resultado do processo de pensamento. A destruição da forma também deve ser o resultado do processo de pensamento. Representações fictícias da forma resultam do poder criativo do pensamento, como no hipnotismo. A representação aparente da forma é o resultado do poder criativo do pensamento, como no Espiritualismo. A invenção, a organização e o trabalho construtivo de toda espécie resultam do poder criativo do pensamento, como na concentração. Quando o poder criativo do pensamento se manifesta em benefício da humanidade, o resultado é chamado de Bem. Quando o poder criativo do

184 A CHAVE MESTRA

pensamento se manifesta de maneira destrutiva ou má, o resultado é chamado de Mal.

Isso indica a origem do bem e também a do mal; são simples palavras cunhadas para indicar a natureza do resultado do pensamento ou do processo criativo. O pensamento necessariamente precede e predetermina a ação; a ação precede e predetermina a condição.

A Lição 20 trará mais informações acerca dessa relevante questão.

1. O espírito de uma coisa é uma coisa; é necessariamente fixo, imutável e eterno. O espírito é você — você. Sem o espírito, você não seria nada. Ele se torna ativo quando você o reconhece e às suas possibilidades.

2. Você pode possuir toda a riqueza do mundo cristão, mas, se não a reconhecer e utilizar, ela não terá valor algum. O mesmo ocorre com o tesouro espiritual: se você não o reconhecer e utilizar, ele não terá valor. A única e exclusiva condição do poder espiritual é o uso ou reconhecimento.

3. Todas as coisas importantes vêm por intermédio do reconhecimento. O cetro do poder é a consciência, e o pensamento é o mensageiro dele. Esse mensageiro está constantemente moldando as realidades do mundo invisível para ajustá-las às condições e aos ambientes de nosso mundo objetivo.

4. Pensar é o verdadeiro interesse da vida; o poder é o resultado. Durante todo o tempo, lidamos com o poder mágico do pensamento e da consciência. Que resultados você pode esperar enquanto estiver esquecido do poder que foi posto sob seu controle?

5. Enquanto você agir assim, estará se limitando a condições superficiais, e fazendo de si mesmo um animal de carga para aqueles que pensam; aqueles que reconhecem o próprio

LIÇÃO 20   **185**

poder; aqueles que sabem que, se não nos dispusermos a pensar, teremos de trabalhar, e que, quanto menos pensarmos, mais teremos de trabalhar e menos receberemos por nosso trabalho.

6. O segredo do poder é a perfeita compreensão dos princípios, das forças, dos métodos e das combinações da mente e a perfeita compreensão de nossa relação com a Mente Universal. É bom lembrar que esse princípio é imutável; se não fosse assim, não seria confiável — todos os princípios são imutáveis.

7. Essa estabilidade é a nossa oportunidade. Você é para ela o atributo ativo, o canal para a atividade; o Universal só pode agir por intermédio do individual.

8. Você começa a fazer coisas, a sentir o poder, quando percebe que traz dentro de si a essência do Universal — que ela é você. Ela é o combustível que incendeia a imaginação; que acende a tocha da inspiração; que dá vitalidade ao pensamento; que lhe permite se conectar com todas as forças invisíveis do Universo. Esse poder lhe permite planejar sem medo, executar magistralmente.

9. Mas a percepção só chega no silêncio. Essa parece a condição exigida para todos os grandes objetivos. Você é uma entidade visualizadora. A imaginação é sua oficina. É ali que seu ideal deve ser visualizado.

10. Já que a perfeita compreensão da natureza desse poder é a condição primária para sua manifestação, visualize o método completo várias vezes, de modo a poder utilizá-lo quando a ocasião assim o exigir. O teor infinito da sabedoria consiste em seguir o método, e desse modo podemos ter a nosso dispor, a qualquer momento, a inspiração da Mente Universal onipotente.

11. É possível não conseguir reconhecer esse mundo interior, e assim excluí-lo de nossa consciência, mas ele ainda

186 A CHAVE MESTRA

será o elemento básico de toda existência. E, quando aprendermos a reconhecê-lo, não só em nós mesmos, mas em todas as pessoas, todos os acontecimentos, objetos e circunstâncias, encontraremos o "Reino dos Céus" que, segundo nos dizem, levamos em nosso "interior".

12. Nossos fracassos resultam da operação do mesmo princípio. O princípio é intercambiável; opera com exatidão, não sofre desvios. Se pensarmos em escassez, limitação e discórdia, encontraremos seus frutos a cada passo. Se pensarmos em pobreza, infelicidade ou doença, os mensageiros do pensamento irão levar a mensagem tão prontamente quanto qualquer outro tipo de pensamento, e o resultado será igualmente garantido. Se temermos uma calamidade que se aproxima, poderemos dizer como Jó: "As coisas que eu temia vieram a meu encontro." Se pensarmos com descortesia ou ignorância, atrairemos, dessa forma, os resultados de nossa ignorância.

13. Quando entendido e usado corretamente, esse poder do pensamento é o maior recurso já sonhado de economia de tempo. Mas se ele for mal entendido ou usado de modo impróprio, o resultado será desastroso com toda a certeza, como já vimos. Graças à ajuda desse poder, você poderá ter confiança em empreender coisas aparentemente impossíveis, pois ele é o segredo de toda inspiração, de toda genialidade.

14. Inspirar-se significa sair da trilha habitual, sair da rotina, pois resultados extraordinários exigem meios extraordinários. Quando lograrmos reconhecer a unidade de todas as coisas e que está dentro de nós a fonte de todo poder, captaremos a fonte de inspiração.

15. A inspiração é a arte de beber, a arte da autopercepção; a arte de ajustar a mente individual e a Mente Universal; a arte de associar o devido mecanismo à fonte de todo

LIÇÃO 20 **187**

poder; a arte de diferençar o que não tem forma, dando-lhe uma; a arte de visualizar a perfeição; a arte de perceber a onipresença da Onipotência.

16. A compreensão e a apreciação da onipresença do Poder Infinito, que consequentemente reside no infinitamente pequeno e no infinitamente grande, nos permitem absorver sua essência. A compreensão do fato de que este poder é espírito e, logo, indivisível, nos possibilita apreciar sua presença em todos os pontos ao mesmo tempo.

17. A compreensão, primeiro intelectual e depois emocional, desses fatos nos permitirá beber profundamente do oceano de poder infinito. A compreensão intelectual não será de grande ajuda; as emoções devem ser levadas à ação; o pensamento sem sentimento é frio. A combinação necessária é pensamento e sentimento.

18. A inspiração vem de dentro. O silêncio é necessário: os sentidos devem ser silenciados, os músculos, relaxados, o repouso, cultivado.

Quando você, desse modo, tiver chegado a possuir o sentido de equilíbrio e poder, estará pronto a receber a informação, ou a inspiração, ou a sabedoria porventura necessária ao desenvolvimento de seus propósitos.

19. Não confunda esses métodos com os do clarividente — eles nada têm em comum. A inspiração é a arte de receber e representa tudo o que há de melhor na vida; seu objetivo na vida é entender e comandar essas forças invisíveis, em vez de deixar que elas comandem e governem você. O poder implica serviço; a inspiração implica poder. Entender e aplicar o método da inspiração é se transformar em super-homem.

20. Podemos viver com mais abundância cada vez que respirarmos, se o fizermos conscientemente com tal inten-

188 A CHAVE MESTRA

ção. O "se" é uma condição muito importante no caso presente, já que a intenção governa a atenção, e sem atenção você só poderá garantir os resultados que todos os demais garantem. Ou seja, a oferta equivale à procura.

21. Para garantir a oferta maior, deve-se aumentar a procura, e à medida que você aumenta conscientemente a procura, a oferta irá subir e você se verá na posse de uma oferta progressivamente maior de vida, energia e vitalidade.

22. Não é difícil entender a razão disso, porém é mais um dos vitais mistérios da vida que pelo visto não foi valorizado. Se você transformá-lo em seu, irá constatar que ele é uma das grandes realidades da vida.

23. Somos informados de que "nele vivemos, e nos movemos, e existimos" [Atos 17:28], e nos dizem que "Ele" é um Espírito, e novamente que "Ele" é amor. Portanto, cada vez que respiramos, esperamos essa vida, esse amor e esse espírito. Isto é a Energia Prânica ou Éter Prânico, sem o que não poderíamos existir um só momento. Ele é a energia cósmica; é a vida do Plexo Solar.

24. Cada vez que respiramos, enchemos de ar os pulmões e ao mesmo tempo vitalizamos o corpo com esse Éter Prânico, que é a própria vida, de modo que temos a oportunidade de fazer uma conexão consciente com toda vida, toda inteligência e toda substância.

25. O conhecimento da relação e unidade que você tem com esse princípio que governa o Universo, e o simples método por meio do qual você pode conscientemente se identificar com ele, lhe oferece a compreensão científica de uma lei por cujo intermédio podemos nos libertar das doenças, das privações ou limitações de qualquer ordem. De fato, ela lhe permite receber o "sopro de vida" nas próprias narinas.

LIÇÃO 20 **189**

26. Esse "sopro de vida" é uma realidade superconsciente. Ele é a essência do "eu sou". É o Ser Puro ou Substância Universal, e nossa unidade consciente com ele nos permite localizá-lo e assim exercer os poderes dessa energia criativa.

27. O pensamento é a vibração criativa, e a qualidade das condições criadas depende da qualidade de nosso pensamento, pois não podemos expressar poderes que ainda não possuímos. Precisamos "ser" antes de sermos capazes de "fazer", e só podemos "fazer" na medida em que "somos"; e assim, o que fazemos coincide necessariamente com o que "somos" e o que "somos" depende daquilo que "pensamos".

28. Cada vez que você pensa, dá início a uma cadeia de causalidade que irá criar uma condição em estrita consonância com a qualidade do pensamento que a originou. O pensamento que está em harmonia com a Mente Universal irá resultar em condições correspondentes. O pensamento destrutivo ou desarmônico irá produzir resultados correspondentes, mas a Lei Imutável não permitirá a você plantar um pensamento de uma espécie e colher o fruto de outra. Você tem liberdade de usar esse maravilhoso poder criador a seu bel-prazer, porém deve arcar com as consequências.

29. Este é o perigo advindo da chamada força de vontade. Há os que acreditam, pelo visto, que a força de vontade lhes permitirá coagir essa lei; que eles poderão plantar sementes de uma espécie e, por "força de vontade", obrigá-las a dar frutos de outra. Mas o princípio fundamental do poder criativo reside no Universal, e, por conseguinte, a ideia de forçar uma concordância com nossas aspirações pelo poder da vontade individual é uma inversão de conceito que talvez pareça ter sucesso por algum tempo, mas terminará fatalmente destinada ao fracasso — porque antagoniza o próprio poder que está tentando empregar.

190   A CHAVE MESTRA

30. Isso é a tentativa individual de coação ao Universal, é o finito em conflito com o Infinito. Nosso permanente bem-estar estará mais bem conservado por uma cooperação consciente com o movimento de avanço contínuo do Grande Todo.

31. Para o exercício desta semana, entre em silêncio e se concentre no fato de que as palavras "nele vivemos, nos movemos e existimos" são literal e cientificamente exatas! De que você É porque Ele É; que se Ele é onipresente, forçosamente estará em você. De que se Ele é tudo em tudo, você deve estar Nele! De que Ele é Espírito e você foi feito "à imagem e semelhança Dele"; que a única diferença entre o espírito Dele e o seu é de grau; e que a parte deve ser o mesmo que o todo em espécie e qualidade. Quando você conseguir perceber isso com nitidez, terá encontrado o segredo do poder criativo do pensamento, terá encontrado a origem do bem e do mal, terá encontrado o segredo do maravilhoso poder de concentração. Terá encontrado a chave para resolver qualquer problema — físico, financeiro ou ambiental.

O poder de pensar de forma sucessiva, profunda e objetiva, é um inimigo confesso e mortal dos equívocos e erros, das superstições, das teorias pouco científicas, das crenças irracionais, do entusiasmo irrestrito, do fanatismo.

— HADDOCK

LIÇÃO 21

Iniciamos agora a lição 21. No item 7 você verá que um dos segredos do sucesso, um dos métodos para organizar a vitória, uma das realizações da Inteligência Superior é pensar grande.

No oitavo item, veremos que tudo o que guardamos na consciência por algum tempo fica impresso no subconsciente e assim se torna um modelo que a energia criativa vai entremear em nossa vida e nosso ambiente. Esse é o segredo do maravilhoso poder da prece.

Sabemos que o Universo é governado por leis; que para todo efeito deve haver uma causa e que a mesma causa, nas mesmas condições, produzirá invariavelmente o mesmo efeito.

Consequentemente, se a prece tiver sido atendida alguma vez, ela sempre será atendida, desde que se cumpram as condições adequadas. Isso necessariamente deve ser verdade; caso contrário, o Universo seria um caos e não um cosmo. Portanto, a resposta às preces está sujeita à lei, e essa lei é definida, exata e científica, tal como as leis que governam a gravitação e a eletricidade. A compreensão da lei tira da esfera da supers-

192 A CHAVE MESTRA

tição e da credulidade os fundamentos do Cristianismo e os situa na rocha firme do entendimento científico.

Infelizmente, porém, são poucas as pessoas que sabem rezar.

As pessoas entendem a existência de leis que governam a eletricidade, a matemática, a química, mas por alguma razão inexplicável nunca parecem perceber que também há leis espirituais, e que essas leis também são definidas, científicas, exatas e operam com imutável precisão.

1. O verdadeiro segredo do poder é a consciência dele. A Mente Universal é incondicional; portanto, quanto mais conscientes de nossa unidade com essa mente nos tornamos, menos conscientes ficaremos de restrições e limitações. E, quando nos emanciparmos e nos libertarmos de restrições, alcançaremos a compreensão do incondicional. Nós nos tornaremos livres!

2. Tão logo adquirimos a consciência do poder inesgotável do mundo interior, começamos a empregar esse poder e a aplicar e desenvolver as possibilidades mais vastas que esse discernimento entendeu, pois tudo aquilo de que tivermos consciência se manifestará invariavelmente no mundo objetivo, concretizado em expressão tangível.

3. Isso ocorre porque a fonte da qual tudo procede, a Mente Infinita, é una e indivisível; cada indivíduo é um canal pelo qual essa Energia Eterna se manifesta. Nossa habilidade de pensar é a habilidade de agir sobre essa Substância Universal, e o que pensamos é aquilo que se cria e produz no mundo objetivo.

4. O resultado dessa descoberta é maravilhoso e significa que a mente é extraordinária em qualidade, ilimitada em quantidade e dotada de inúmeras possibilidades. Adquirir a consciência desse poder é tornar-se um "fio energizado": tem

LIÇÃO 21   **193**

o mesmo efeito de se colocar um fio comum em contato com um fio carregado. O Universal é o fio carregado. Ele conduz potência suficiente para responder a qualquer situação que possa surgir na vida de qualquer indivíduo. Quando toca a Mente Universal, a mente individual recebe toda a potência de que necessita. Esse é o mundo interior. Toda ciência reconhece a realidade desse mundo, de cujo reconhecimento por nós depende todo poder.

5. A capacidade de eliminar condições imperfeitas depende da ação mental, a qual, por sua vez, depende da consciência do poder. Portanto, quanto mais conscientes estivermos de nossa unidade com a fonte de todo poder, maior será nosso poder de controlar e dominar qualquer situação.

6. As grandes ideias têm uma tendência a eliminar todas as ideias menores, de modo que é interessante manter grandes ideias em quantidade suficiente para contrabalançar e destruir todas as tendências pequenas ou indesejáveis. Isso irá remover de seu caminho inúmeros obstáculos mesquinhos e irritantes. Você também se tornará consciente de um mundo mais vasto de pensamento, aumentando assim sua capacidade mental, além de contribuir para você se colocar em posição de realizar algo de valor.

7. Esse é um dos segredos do sucesso, um dos métodos de organizar a vitória, uma das realizações do Mentor. Ele pensa grande. As energias criativas da mente irão lidar com as grandes situações tão facilmente quanto lidam com as pequenas. A mente estará tão presente no infinitamente grande quanto está no infinitamente pequeno.

8. Ao nos darmos conta desses fatos relativos à mente, entendemos de que maneira podemos criar para nós qualquer condição, ao criar as condições correspondentes em nossa

194 A CHAVE MESTRA

consciência, pois tudo que é mantido ali durante algum tempo acaba por impressionar o subconsciente, tornando-se um modelo que a energia criativa vai entremear na vida e no ambiente do indivíduo.

9. Desse modo, produzem-se condições e descobrimos que nossa vida é apenas um reflexo dos pensamentos predominantes, de nossa atitude mental. Vemos então que a ciência do pensamento correto é a única ciência — nela se incluem todas as outras.

10. Dessa ciência aprendemos que todo pensamento cria uma impressão no cérebro. Essas impressões geram tendências mentais que dão origem ao caráter, à capacidade e ao propósito. A ação combinada de caráter, capacidade e propósito determina as experiências pelas quais iremos passar na vida.

11. Essas experiências nos vêm por intermédio da Lei da Atração; pela ação dessa lei, encontramos no mundo exterior as experiências que correspondem a nosso mundo interior.

12. O pensamento predominante ou atitude mental é o ímã e a lei determina que "o semelhante atrai o semelhante". Consequentemente, a atitude mental irá invariavelmente atrair condições correspondentes à natureza dela.

13. Essa atitude mental é nossa personalidade e se compõe dos pensamentos que estivemos criando em nossa mente. Portanto, se desejarmos uma mudança nas condições, basta mudarmos o pensamento, o que irá mudar, por sua vez, nossa atitude mental, a qual irá mudar nossa personalidade, que irá mudar pessoas, coisas e condições ou as experiências com que nos deparamos na vida.

14. Não é fácil mudar a atitude mental, mas é possível fazê-lo com um esforço persistente. A atitude mental é modelada pelas imagens mentais fotografadas no cérebro. Se você

LIÇÃO 21 **195**

não gostar das imagens, destrua os negativos e crie outras; eis aí a arte da visualização.

15. Tão logo o faça, você começará a atrair coisas novas e elas corresponderão às novas imagens. Para isso, imprima na mente uma imagem perfeita do desejo que você quer ver materializado e continue a manter essa imagem na mente até obter os resultados.

16. Se seu desejo exigir determinação, habilidade, talento, coragem, poder ou qualquer outro poder espiritual, serão esses os fatos necessários à sua imagem; inclua-os, pois são a parte vital da imagem. Eles são os sentimentos que se combinam ao pensamento e criam o poder magnético irresistível. Este atrai em sua direção o que você está pedindo. Eles dão vida à sua imagem, e vida significa crescimento. Quando ela começar a crescer, os resultados estarão praticamente garantidos.

17. Não hesite em aspirar às maiores realizações possíveis em qualquer coisa que você faça, pois as forças da mente estão sempre prontas a ajudar uma vontade deliberada no esforço de cristalizar suas aspirações mais altas em atos, realizações e acontecimentos.

18. A forma de operar dessas forças mentais é ilustrada pelo método de formação de nossos hábitos. Fazemos algo, voltamos a fazê-lo, e mais uma vez, até aquilo se tornar fácil e até quase automático. A mesma regra vale quando se trata de romper os maus hábitos: nós paramos de fazer algo, evitamos fazê-lo novamente, e insistimos mais uma vez, até estarmos totalmente livres daquilo. E se num ou noutro momento recairmos, não devemos de forma alguma perder a esperança, pois a lei é absoluta e invencível, e nos dá crédito por cada esforço e cada sucesso, ainda que sejam intermitentes nossos esforços e sucessos.

196   A CHAVE MESTRA

19. Não há limite para o que essa lei pode fazer por você; ouse acreditar na própria ideia. Lembre-se de que a natureza se molda pelo ideal; pense no ideal como um fato já concretizado.

20. Na vida, a verdadeira batalha é a das ideias. Nesse embate, alguns estão lutando contra muitos. De um lado, está o pensamento construtivo e criativo; e do outro, o pensamento destrutivo e negativo. O pensamento criativo é dominado por um ideal, ao passo que o pensamento passivo é dominado pelas aparências. Dos dois lados estão cientistas, intelectuais, empresários.

21. Do lado criativo estão os homens que passam o tempo em laboratórios, ou curvados ao microscópio e ao telescópio, lado a lado com os homens que dominam o mundo comercial, político e científico. Do lado negativo, estão os homens que passam o tempo investigando leis e precedentes legais, os homens que confundem teologia com religião, os estadistas que confundem poder com direito e todos os milhões que parecem preferir o modelo vigente ao progresso, que olham eternamente para trás e não para a frente, que só veem o mundo exterior e nada sabem do mundo interior.

22. Em última análise, só existem essas duas classes de pessoas. Todas terão de ocupar seu lugar em um lado ou outro. Terão de avançar ou recuar. Não há como se imobilizar num mundo em que tudo é movimento. A tentativa de ficar parado é o que aciona e dá força a legislações arbitrárias e desiguais.

23. A inquietação presente em todo lugar evidencia que estamos num período de transição. As queixas da humanidade fazem lembrar uma carga de artilharia do céu, começando por notas graves e ameaçadoras e aumentando até o som passar de nuvem em nuvem e o raio fender o ar e a terra.

24. As sentinelas que patrulham os postos mais avançados do mundo industrial, financeiro, político e religioso estão chamando ansiosas umas pelas outras. Como está a noite? A cada hora se tornam mais flagrantes o perigo e a insegurança da posição que elas ocupam e tentam manter. A aurora de uma nova era afirma necessariamente que a ordem vigente não pode prosseguir.

25. A disputa entre o velho regime e o novo, o fulcro do problema social é inteiramente uma questão de convicção, nas mentes populares, quanto à natureza do Universo. Quando elas perceberem que a força transcendente do espírito ou da mente do Cosmo está dentro de cada indivíduo, será possível criar leis que considerem as liberdades e os direitos de muitos, em vez dos privilégios de poucos.

26. Enquanto as pessoas virem o Poder Cósmico como um poder não humano, estranho à humanidade, será relativamente fácil para uma classe supostamente privilegiada reinar por direito divino, apesar dos protestos do sentimento da sociedade. O verdadeiro interesse da democracia, portanto, é exaltar, emancipar e reconhecer a divindade do espírito humano. Reconhecer que todo poder vem de dentro. Que nenhum ser humano tem mais poder que os demais, exceto aquele passível de ser voluntariamente delegado a ele. O velho regime queria que víssemos as leis como superiores aos legisladores. Aí está a essência do crime social, que consiste em qualquer forma de privilégio ou desigualdade pessoal, a institucionalização da doutrina fatalista do mandato divino.

27. A Mente Divina é a Mente Universal. Ela não abre exceções e não tem favoritos; não age por capricho ou raiva, ciúme ou ira, e também não pode ser lisonjeada, manobrada ou convencida, por meio de simpatia ou de petições, a dar

198 A CHAVE MESTRA

ao homem o que ele julga necessário à própria felicidade ou mesmo à sobrevivência. A Mente Divina não abre exceções em favor de qualquer pessoa, mas, quando o indivíduo entender e perceber sua unidade com o Princípio Universal, ele parecerá estar sendo favorecido, pois terá encontrado a fonte de toda saúde, toda riqueza e todo poder.

28. Como exercício desta semana, concentre-se na verdade. Tente entender que a verdade o libertará — ou seja, se você aprender a aplicar os métodos e princípios do pensamento cientificamente correto, nada poderá se opor para sempre a seu perfeito sucesso. Perceba que está externalizando em seu ambiente as potencialidades inerentes à sua alma. Perceba que o silêncio oferece uma oportunidade sempre disponível e quase ilimitada de despertar a mais alta concepção da verdade. Tente compreender que a onipotência é silêncio absoluto, que tudo o mais é mudança, atividade e limitação. A concentração silenciosa do pensamento, portanto, é o verdadeiro método para alcançar, despertar e expressar o maravilhoso potencial de poder do mundo interior.

As possibilidades de treinar o pensamento são infinitas; suas consequências são eternas. E, no entanto, poucos se dão ao trabalho de dirigir o pensamento para canais que lhes tragam benefício. Em vez disso, deixam tudo ao acaso.

— Marden

LIÇÃO 22

Nesta lição você verá que os pensamentos são sementes espirituais que, quando plantadas na Mente Subconsciente, mostram uma tendência a brotar e crescer; mas com frequência, infelizmente, os frutos não nos agradam.

As diversas formas de inflamação, paralisia, nervosismo e doença geralmente são manifestações de medo, preocupação, angústia, ansiedade, ciúme, ódio e pensamentos similares.

Os processos da vida ocorrem por dois métodos distintos: primeiro, pela absorção e utilização do material nutritivo necessário à construção das células; segundo, pela redução e excreção do material residual.

Toda vida se baseia nessas atividades construtivas e destrutivas; como o alimento, a água e o ar são os únicos requisitos necessários para a construção de células, poderíamos julgar que não seria muito difícil prolongar indefinidamente a vida.

Por mais que pareça estranho, com raras exceções a segunda atividade — a destrutiva — é a que causa todas as doenças. Os resíduos se acumulam e saturam os tecidos, causando intoxicação. Esta pode ser parcial ou generalizada. No primeiro caso, a perturbação será local. No segundo, afetará todo o sistema.

200 A CHAVE MESTRA

No quesito da cura de doenças, nosso problema é aumentar o fluxo de entrada e a distribuição de energia vital no sistema, algo que só poderemos fazer se eliminarmos pensamentos de medo, preocupação, angústia, ansiedade, ciúme, ódio e qualquer outro de teor destrutivo que tenda a danificar e destruir os nervos e as glândulas responsáveis pela excreção e eliminação de matéria tóxica ou residual.

"Alimentos nutritivos e tônicos fortalecedores" não podem dar vida, por serem apenas manifestações secundárias dela. A manifestação primária da vida e o modo de entrar em contato com ela estão explicados na parte que tenho o privilégio de apresentar aqui.

1. O conhecimento não tem preço, porque, graças à sua aplicação, poderemos fazer de nosso futuro o que desejarmos. Quando entendermos que o caráter, o ambiente, a habilidade, a condição física que temos na atualidade são produtos dos métodos de pensamento do passado, começaremos a ter certo conceito do valor do conhecimento.

2. Se o estado de saúde que temos não é o desejado, vamos examinar nosso método de pensamento; vamos lembrar que cada pensamento produz uma impressão na mente e cada impressão é uma semente que mergulha no subconsciente e forma uma tendência. A tendência será atrair outros pensamentos similares — e mais cedo que o esperado teremos uma colheita.

3. Se os pensamentos contiverem os germes da doença, a colheita será de moléstias, decadência, fraqueza e fracasso. A questão é: o que estamos pensando, o que estamos criando, o que vamos colher?

4. Se houver alguma condição física que necessite de mudança, a lei que governa a visualização se mostrará eficaz. Produza uma imagem mental de perfeição física, guarde-a na

LIÇÃO 22 **201**

mente até ser absorvida pela consciência. Por meio desse método, muitos já eliminaram moléstias crônicas em poucas semanas e milhares superaram e destruíram todo tipo de transtorno físico em poucos dias, e por vezes em poucos minutos.

5. A mente exerce esse controle sobre o corpo por meio da Lei da Vibração. Sabemos que toda ação mental é uma vibração e que toda forma é apenas um modo de movimento, uma frequência vibratória. Portanto, qualquer vibração modifica imediatamente todos os átomos do corpo; toda célula viva é afetada e uma completa alteração química se processa em todos os grupos de células vivas.

6. No Universo, tudo é o que é em virtude de sua frequência vibratória. Mude a frequência vibratória e você mudará a natureza, a qualidade e a forma. O vasto panorama da natureza, tanto visível quanto invisível, está constantemente sendo alterado pela simples mudança dessa frequência; como o pensamento é uma vibração, também podemos exercer esse poder. Podemos mudar a vibração e, assim, produzir qualquer condição que desejarmos manifestar em nosso corpo.

7. Todos nós estamos usando esse poder a cada minuto. O problema é que a maioria o emprega de modo inconsciente, produzindo, assim, resultados indesejáveis. O difícil é usá-lo com inteligência e produzir somente resultados indesejáveis. Não deveria ser algo complicado, pois todos já tivemos experiências suficientes para saber o que produz no corpo uma vibração agradável. Também conhecemos as causas que produzem as sensações desagradáveis.

8. Só precisamos consultar nossa experiência. Quando tivemos pensamentos otimistas, progressivos, construtivos, corajosos, nobres, gentis ou desejáveis de alguma forma, geramos vibrações que trouxeram determinados resultados.

202 A CHAVE MESTRA

Quando nossos pensamentos contiveram inveja, ódio, ciúme, crítica ou qualquer outra dos milhares de formas de discórdia, foram criadas certas vibrações que trouxeram resultados de natureza diferente; cada uma dessas frequências vibratórias, quando mantida, cristalizou-se numa forma. No primeiro caso, o resultado foi saúde mental, moral e física. No segundo, conflito, desarmonia e doença.

9. Podemos, então, entender um pouco do poder da mente sobre o corpo.

10. A Mente Objetiva tem sobre o corpo certos efeitos fáceis de reconhecer. Alguém diz a você algo que lhe parece ridículo, e você ri; talvez até todo o seu corpo se sacudir, o que prova o controle do pensamento sobre os músculos do corpo. Alguém lhe diz alguma coisa que desperta sua compaixão e seus olhos se enchem de lágrimas, o que mostra o controle do pensamento sobre as glândulas do corpo. Alguém diz algo que deixa você zangado e o sangue lhe sobe ao rosto, o que mostra o controle dos pensamentos sobre a circulação. Mas como todas essas experiências resultam da ação da Mente Objetiva sobre o corpo, os resultados são de natureza temporária; eles logo desaparecem e a situação volta ao que era.

11. Vejamos como é distinta a ação da Mente Subconsciente sobre o corpo. Você se fere; imediatamente, milhares de células começam o trabalho de cura. Em alguns dias, ou semanas, o trabalho foi completado. Você pode até mesmo quebrar um braço; nenhum cirurgião no mundo é capaz de soldar as partes (não me refiro à inserção de pinos ou de outros recursos para reforçar ou substituir os ossos). Ele pode colocar o osso no lugar e a Mente Subjetiva imediatamente começará o processo de soldar as partes; em pouco tempo, o osso torna--se tão sólido quanto sempre foi. Você engole um veneno; a

LIÇÃO 22 **203**

Mente Subjetiva imediatamente descobre o perigo e faz um violento esforço para eliminá-lo. Se você contrai uma infecção de um germe perigoso, a Mente Subjetiva sem demora começa a construir um muro em torno da área infectada e a destruir a infecção, absorvendo-a nos glóbulos brancos do sangue que ela produz para tal objetivo.

12. Esses processos da Mente Subconsciente ocorrem em geral de forma independente do nosso conhecimento ou direção pessoal. Se não interferirmos, o resultado será perfeito. Mas, embora esses milhões de células de reposição sejam inteligentes e reajam a nosso pensamento, elas frequentemente são paralisadas ou tornadas impotentes pelos pensamentos de medo, dúvida e ansiedade. Lembram um exército de trabalhadores prontos a começar uma tarefa importante, e que finalmente desanimassem e desistissem porque, cada vez que pusessem mãos à obra, houvesse uma greve ou uma alteração de planos.

13. O caminho para a saúde se fundamenta na Lei da Vibração, que é a base de toda a ciência. Essa lei é acionada pela mente, pelo "mundo interior". É uma questão de esforço individual e prática. Nosso mundo de poder é interno; se formos sábios, não desperdiçaremos tempo e esforço tentando lidar com os efeitos encontrados no "mundo exterior", que é apenas um apêndice, um reflexo.

14. Sempre encontraremos a causa no "mundo interior"; mudando a causa, mudamos o efeito.

15. Cada célula do corpo é inteligente e reage às nossas instruções. As células são criadoras e irão criar o exato padrão que você lhes der.

16. Portanto, quando colocamos imagens perfeitas diante da subjetividade, as energias criativas construirão um corpo perfeito.

204 A CHAVE MESTRA

17. As células cerebrais são construídas da mesma forma. A qualidade do cérebro é governada pelo estado da mente ou atitude mental. Assim, se atitudes mentais indesejáveis forem comunicadas ao subjetivo, elas serão transferidas para o corpo. Portanto, é possível ver facilmente que, para o corpo manifestar saúde, força e vitalidade, estes devem ser os pensamentos predominantes.

18. Então sabemos que cada elemento do corpo humano resulta de uma frequência vibratória.

19. Sabemos que a ação mental é uma frequência vibratória.

20. Sabemos que uma frequência vibratória mais elevada governa, modifica, controla, altera ou destrói uma frequência vibratória mais baixa.

21. Sabemos que a frequência vibratória é governada pelo caráter das células cerebrais e, finalmente,

22. Sabemos como criar essas células cerebrais; portanto,

23. Sabemos como proceder a qualquer mudança física e corporal que desejemos, e, por ter obtido até aqui um conhecimento funcional do poder da mente, sabemos que praticamente não há limitação que se possa impor à nossa capacidade de nos harmonizar com a Lei Natural, que é onipotente.

24. A cada dia essa influência ou controle da mente sobre o corpo vai se tornando mais amplamente compreendida. Muitos médicos estão dando à questão a mais entusiástica atenção. O doutor Albert T. Shofield, que escreveu vários livros importantes sobre o assunto, afirma: "A terapêutica mental ainda é ignorada pela maioria das obras médicas. Nossos textos de fisiologia não se referem ao poder central que controla e administra o corpo em benefício do próprio, e raramente se menciona o poder da mente sobre o corpo."

LIÇÃO 22 **205**

25. Sem dúvida muitos médicos tratam com sabedoria e competência as doenças nervosas de origem funcional, mas o que argumentamos é que o conhecimento demonstrado por eles não foi ensinado numa escola nem aprendido em livros — é intuitivo e empírico.

26. Isso não deveria ser assim. O poder da terapêutica mental deveria ser tema de um ensino criterioso, especial e científico em toda faculdade de ciências médicas. Poderíamos explorar o tema dos erros médicos ou da negligência no tratamento, descrevendo os resultados desastrosos dos casos negligenciados, mas essa é uma tarefa malévola.

27. Não há dúvida de que poucos pacientes têm consciência de quanto podem fazer em benefício próprio. Ainda se desconhece o que o paciente pode fazer em tal sentido, as forças que ele pode manipular. Estamos inclinados a acreditar que elas são muito maiores do que julga a maioria e sem dúvida serão cada vez mais utilizadas. A terapêutica mental pode ser dirigida pelo próprio paciente para acalmar a mente agitada, por meio da geração de sentimentos de alegria, esperança, fé e amor; de motivação para realizar esforços; de trabalho mental regular; de desviar da doença os pensamentos.

28. Como exercício desta semana, concentre-se nas belas palavras de Tennyson: "Fala com Ele, porque Ele te escuta; espírito e espírito se unirão. Ele está mais perto que um sopro, mais perto que teu pé ou tua mão." Procure então entender que, quando você "fala com Ele", está em contato com a Onipotência.

29. Essa compreensão e o reconhecimento do poder onipresente rapidamente destruirá toda e qualquer forma de doença ou sofrimento, substituindo-a por harmonia e perfeição. Lembre-se, então, de que alguns parecem pensar que a

206 A CHAVE MESTRA

doença e os sofrimentos são enviados por Deus; se tal fosse o caso, todo médico, todo cirurgião, toda enfermeira da Cruz Vermelha estaria desafiando a vontade de Deus e os hospitais e sanatórios seriam locais de rebelião e não casas de misericórdia. Naturalmente, a ideia logo se mostra absurda, porém muitos ainda a conservam.

30. Então deixe o pensamento se deter no fato de que até recentemente a teologia tentou ensinar o conceito impossível de um Criador que gerava seres capazes de pecar, e depois permitia que fossem castigados eternamente pelos pecados cometidos. É óbvio que o resultado inevitável de tão extraordinária ignorância era criar medo em vez de amor. Assim, depois de dois mil anos desse tipo de propaganda, a teologia anda agora muito ocupada em se redimir perante os cristãos.

31. Portanto, você irá mais prontamente apreciar o homem ideal, feito à imagem e semelhança de Deus, e a mente que dá origem a tudo, mente que forma, sustenta, ampara, fomenta e cria tudo o que existe.

Todas são só partes de um todo estupendo, cujo corpo é a natureza, cuja alma é Deus.

A oportunidade segue a percepção, a ação segue a inspiração, o crescimento segue o conhecimento, a eminência segue o progresso. Sempre o espiritual vem primeiro e depois vem a transformação nas infinitas e ilimitadas possibilidades de realização.

LIÇÃO 23

NA LIÇÃO QUE TENHO A HONRA DE TRANSMITIR AGORA você vai descobrir que o dinheiro está entretecido na trama de nossa existência; que a Lei do Sucesso é o serviço; que nós recebemos aquilo que damos, e por isso deveríamos considerar um grande privilégio ter a capacidade de dar.

Descobrimos que o pensamento é a atividade criadora por trás de toda empreitada construtiva. Portanto, nada que possamos dar tem valor mais prático que nosso pensamento.

O pensamento criador exige atenção, e o poder da atenção é, conforme constatamos, a arma do Super-Homem. A atenção desenvolve a concentração e a concentração desenvolve o Poder Espiritual, a força mais pujante que existe.

Esta é a ciência que abarca todas as ciências. É a arte que, acima de todas as outras, tem relevo para a vida humana. Na mestria dessa ciência e arte existem inesgotáveis oportunidades de progresso. Nela, a perfeição não é alcançada em seis dias, nem em seis semanas, nem em seis meses. Trata-se de uma tarefa para a vida inteira. Não progredir significa regredir.

Inevitavelmente o ato de alimentar pensamentos positivos, construtivos e altruístas deve ter um efeito de longo alcance

208   A CHAVE MESTRA

para o bem. A compensação é o tema básico do Universo. A natureza está constantemente buscando alcançar o equilíbrio. Onde alguma coisa é expedida alguma coisa deve ser recebida, ou então se criará um vácuo.

Pela observação dessa regra, você não pode deixar de ter a medida certa de lucro que justifique amplamente seu esforço nesse sentido.

1. A consciência do dinheiro é uma atitude mental; é a porta aberta para as artérias do comércio. É a atitude receptiva. O desejo é a força atrativa que coloca em movimento a corrente, enquanto o medo é o grande obstáculo pelo qual a corrente é interrompida ou completamente revertida, desviada para longe de nós.

2. O medo é exatamente o oposto da consciência do dinheiro; ele é a consciência da pobreza. Já que a lei é imutável, nós recebemos exatamente aquilo que damos — se tivermos medo, receberemos o que tememos. O dinheiro se entranha no tecido inteiro de nossa existência; ele atrai os melhores pensamentos de nossa mente.

3. Ganhamos dinheiro fazendo amizades, e ampliamos nosso círculo de amigos ganhando dinheiro para eles, ajudando-os, prestando-lhes serviço. A primeira Lei do Sucesso é, portanto, o serviço, que, por sua vez, está edificado na integridade e na justiça. O homem que não é no mínimo imparcial em sua intenção é apenas ignorante. Não entendeu a lei fundamental de todas as trocas. Ele é inviável. Irá perder com toda a certeza; talvez não o saiba e creia estar ganhando, mas está condenado à derrota certeira. Não pode enganar o Infinito. A Lei da Compensação exigirá dele olho por olho e dente por dente.

4. As forças da vida são voláteis; elas se compõem de nossos pensamentos e ideais, e estes, por sua vez, são moldados

LIÇÃO 23 **209**

e convertidos em forma. Para nós, o problema é manter uma mente aberta, é buscar constantemente no novo, reconhecer oportunidades, conservar o interesse na corrida mais que no objetivo, pois o prazer reside mais na busca do que na posse.

5. Você pode se transformar em ímã para atrair dinheiro, mas para isso precisa, antes, cogitar como ganhar dinheiro para outras pessoas. Se você tiver o insight necessário para perceber, utilizar oportunidades e condições favoráveis e reconhecer valores, poderá se colocar na posição de tirar vantagem deles, mas seu maior sucesso virá ao se habilitar a ajudar os demais. O que beneficia um deve beneficiar todos.

6. Um pensamento generoso é cheio de força e vitalidade; um pensamento egoísta contém os germes da dissolução — ele se desintegrará e desaparecerá. Grandes financistas são apenas canais para a distribuição de riqueza. Enormes quantias aparecem e desaparecem, mas seria tão perigoso deter a saída quanto a entrada de recursos — as duas pontas devem permanecer abertas. E assim nosso maior sucesso virá quando reconhecermos que dar é tão importante quanto receber.

7. Se reconhecermos o poder onipresente que é a fonte de todo recurso, ajustaremos nossa consciência para esse recurso de tal forma que ele irá atrair constantemente tudo que lhe é necessário, e nós descobriremos que, quanto mais dermos, mais receberemos. Dar nesse sentido implica serviço. O banqueiro dá seu dinheiro, o comerciante dá seus bens de consumo, o autor dá seu pensamento, o trabalhador dá sua habilidade. Todos têm alguma coisa para dar, mas quanto mais nós dermos, mais receberemos, e quanto mais eles receberem, mais estarão capacitados a dar.

8. O financista recebe muito porque dá muito. Ele pensa; é um homem que raramente deixa alguém pensar por ele. Quer

210 A CHAVE MESTRA

saber como os resultados foram assegurados; você precisa mostrar a ele. Se você o fizer, ele fornecerá os meios que levarão centenas ou milhares a lucrar, e seu sucesso será proporcional ao sucesso alcançado por eles. Morgan, Rockefeller, Carnegie e outros não ficaram ricos porque perderam dinheiro para outras pessoas; ao contrário, foi porque eles ganharam dinheiro para outras pessoas que vieram a se tornar os homens mais ricos do país mais rico do mundo.

9. O cidadão médio é inteiramente inocente de qualquer reflexão profunda. Ele aceita as ideias de outros, que repete de maneira muito semelhante à de um papagaio, fenômeno que podemos prontamente constatar quando entendemos o método utilizado na formação da opinião pública. Essa atitude dócil da parte da esmagadora maioria, que parece perfeitamente inclinada a deixar algumas pessoas se encarregarem de pensar por elas, é o que em numerosos países permite alguns indivíduos usurpar todas as vias de poder e manter sob sujeição milhões de pessoas. O pensamento criativo exige atenção.

10. O poder da atenção é chamado concentração. Esse poder é dirigido pela vontade. Por essa razão devemos nos recusar a nos concentrar ou a pensar em coisas que não sejam as que desejamos. Muitos ficam constantemente se concentrando em desgraças, perdas e discórdia de todo tipo; como o pensamento é criativo, segue-se necessariamente que essa concentração inevitavelmente leva a mais perda, mais desgraças e mais discórdia. Como poderia ser diferente? Em contrapartida, quando obtemos sucesso, lucro ou qualquer outra condição desejável, naturalmente nos concentramos nos efeitos dessas coisas e assim criamos mais; logo, segue-se que a abundância leva a mais abundância.

LIÇÃO 23   **211**

11. O modo como a compreensão desse princípio pode ser usada no mundo dos negócios foi muito bem relatado por um sócio meu:

12. "O Espírito, ou qualquer outra coisa que ele possa ou não ser, deve ser considerado como a Essência da Consciência, a Substância da Mente, a realidade subjacente ao Pensamento. E como todas as ideias são fases da atividade da consciência, da mente ou do pensamento, segue-se que no Espírito, e somente nele, deve ser encontrado o Fato Supremo, a Coisa ou Ideia Real."

13. Isso admitido, não parece razoável sustentar que a verdadeira compreensão do espírito e de suas leis de manifestação versaria sobre a coisa mais "prática" que uma pessoa "prática" pode ter esperança de encontrar? Não parece certo que, se os homens "práticos" do mundo pudessem só se dar conta disso, iriam "se atropelar" para chegar ao lugar no qual pudessem obter semelhante conhecimento de coisas e leis espirituais? Esses homens não são tolos; eles só precisam entender esse fato fundamental para se mover na direção daquilo que é a essência de toda conquista.

14. Deixe-me dar um exemplo concreto. Conheço um homem em Chicago que sempre considerei bastante materialista. Ele tinha várias instâncias de sucesso na vida; e também vários fracassos. Na última vez em que conversamos, ele estava praticamente falido, em comparação com sua condição anterior nos negócios. Dava a impressão de ter realmente alcançado o extremo final, pois já havia passado bastante do estágio da meia-idade, e para ele as novas ideias surgiam mais lentamente e com menos frequência que nos anos iniciais.

15. Em substância, eis o que ele me disse:

Sei que todas as coisas que "funcionam" nos negócios são resultado do pensamento. Qualquer um sabe disso. Neste

212 A CHAVE MESTRA

momento, parece que me andam escasseando os pensamentos e as boas ideias. Mas se esse ensinamento da Mente Total for correto, deveria ser possível ao indivíduo alcançar uma "conexão direta" com a Mente Infinita. E nesta deve existir a possibilidade de todo tipo de boas ideias, que um homem de minha coragem e experiência poderia colocar em uso prático no mundo empresarial e obter com elas um grande sucesso. A mim parece bom, e darei uma olhada nele.

16. Isso foi há muitos anos. Outro dia tive notícias desse homem. Em conversa com um amigo, perguntei: "O que foi feito de nosso velho amigo X? Ele conseguiu se aprumar de novo?" O amigo me olhou espantado. "Ora, você não soube do grande sucesso do X? Ele é o mandachuva na empresa _____ (mencionando uma empresa que se tornou um sucesso fenomenal nos últimos anos e agora, graças a seus comerciais, é muito conhecida nos Estados Unidos e no exterior). Foi ele quem forneceu a GRANDE IDEIA para aquela empresa. Pois bem, ele já alcançou a marca do meio milhão e está se movendo rapidamente em direção à marca de um milhão, tudo isso no espaço de um ano e meio." Eu não o havia associado à empresa citada, de cujo maravilhoso sucesso, entretanto, estava informado. A investigação mostrou que a história é verdadeira e que os fatos acima mencionados não foram nem um pouco exagerados.

17. Agora, o que você acha disso? Para mim, significa que aquele homem fez concretamente a "conexão direta" com a Mente Infinita — o Espírito — e, ao encontrá-la, colocou-a a seu serviço. Ele "usou-a em seu negócio".

18. A você isso parece sacrilégio ou blasfêmia? Espero que não; não foi essa minha intenção. Retire da concepção de "O Infinito" a implicação da personalidade, ou natureza humana

LIÇÃO 23 **213**

magnificada, e o que sobrará é a concepção de um Infinito Poder da Presença, a Quintessência do que é Consciência — de fato, e enfim, o Espírito. Como esse homem, finalmente, também deve ser considerado uma manifestação do Espírito, não há sacrilégio algum na ideia de que ele, por ser Espírito, deve se harmonizar tanto com sua origem que seja capaz de manifestar pelo menos um grau menor do poder dela. Todos nós fazemos isso, em dose maior ou menor, quando usamos nossa mente na direção do pensamento criativo. Esse homem fez mais: ele a usou de maneira intensamente "Prática".

19. Eu não o consultei sobre seu método, embora tenha intenção de fazê-lo na primeira oportunidade, mas ele não só explorou o Suprimento Infinito em busca de ideias de que precisava (e que formaram a semente de seu sucesso), como também construiu para si mesmo, com o poder criativo do pensamento, um padrão ideal místico daquilo que esperava manifestar em forma material, acrescentando-lhe coisas, fazendo alterações, melhorando pormenores de vez em quando — partindo do esboço geral para o detalhamento acabado. Imagino que sejam esses os fatos relativos ao caso, não só pelas lembranças da conversa de anos atrás, mas também porque descobri que o mesmo ocorreu nos casos de outros homens proeminentes que fizeram manifestações semelhantes do pensamento criativo.

20. Quem acaso tiver restrições à ideia de empregar o Poder Infinito para ajudar o indivíduo em seu trabalho no mundo material, deve se lembrar de que se o Infinito fizesse a menor objeção a tal procedimento, a coisa jamais poderia acontecer. O Infinito é perfeitamente capaz de cuidar de si próprio.

21. A "espiritualidade" é bastante "prática", muito "prática", intensamente "prática". Ela ensina que o Espírito é a Coisa

214   A CHAVE MESTRA

Verdadeira, a Coisa Toda, e que a Matéria não passa de elemento plástico, passível de ser criado, moldado, manipulado e modelado pelo espírito, segundo a vontade deste. A espiritualidade é a coisa mais prática do mundo — é a única coisa real e absolutamente prática que existe!

22. Nesta semana concentre-se no fato de que o homem não é um corpo com espírito, mas, sim, um espírito com um corpo, e que por isso seus desejos são incapazes de qualquer satisfação permanente em algo que não seja espiritual. O dinheiro, portanto, carece de qualquer valor que não seja o de concretizar as condições que desejamos, e estas são necessariamente harmoniosas. Condições harmoniosas necessitam estar suficientemente supridas, de modo que, se houver a impressão de escassez, devemos entender que a ideia ou alma do dinheiro é o serviço. Enquanto esse pensamento tomar forma, canais de recursos serão abertos e você terá a satisfação de saber que os métodos espirituais são totalmente práticos.

Descobrimos que o pensamento premeditado e organizado para um objetivo amadurece aquele objetivo dando-lhe forma fixa, de modo que podemos ter absoluta certeza do resultado de nossa experiência dinâmica.

— FRANCIS LARIMER WARNER

LIÇÃO 24

Damos início agora à lição 24, última chave deste livro. Se tiver praticado cada um dos exercícios diariamente, durante alguns minutos, conforme indicado em cada lição, você terá descoberto que pode obter da vida exatamente o desejado, ao injetar nela seu desejo. Provavelmente irá concordar com o estudante que afirmou: "O pensamento é quase avassalador, de tão vasto, tão disponível, tão preciso, tão razoável e tão fácil de usar."

O fruto desse conhecimento é como um presente dos deuses; ele é a "verdade" que liberta o homem, não somente de carências e limitações, mas de dores, preocupações e tristezas. Não é maravilhoso descobrir que essa lei não é parcial com ninguém? Que independentemente de seus hábitos de pensamento, o caminho foi preparado?

Se você tiver inclinação pela religião, o maior mestre religioso que o mundo conheceu preparou o caminho tão bem que todos podem seguir. Se sua tendência mental é pelas ciências físicas, a lei irá operar com certeza matemática. Se tiver preferência pela filosofia, Platão ou Emerson podem ser seus

216 A CHAVE MESTRA

instrutores, mas em ambos os casos você poderá alcançar graus de poder aos quais será impossível impor um limite.

Acredito que a compreensão desse princípio é o segredo que foi procurado em vão pelos antigos alquimistas, pois explica como o ouro na mente pode ser transmutado em ouro no coração e nas mãos.

1. Quando os cientistas situaram o Sol no centro do Sistema Solar, com a Terra girando em torno dele, houve imensa surpresa e consternação. A ideia parecia evidentemente falsa: nada era mais fidedigno que o movimento do Sol pelo Céu e qualquer um podia vê-lo a se pôr detrás dos morros a oeste ou desaparecer no mar. Estudiosos ficaram indignados e cientistas rejeitaram a ideia como absurda; no entanto, as provas acabaram por convencer a todos.

2. Dizemos que um sino é um "corpo sonoro", mas sabemos que ele se limita a produzir vibrações no ar. Quando essas vibrações alcançam a frequência de 16 por segundo, elas fazem com que um som seja ouvido na mente, que também consegue ouvir vibrações a uma frequência de 38 mil por segundo. Quando o número ultrapassa esse valor, tudo se torna silêncio novamente, de modo que sabemos que o som não está no sino, mas em nossa mente.

3. Dizemos — e até pensamos — que o Sol "emite luz". No entanto, sabemos que ele está apenas emitindo uma energia que produz vibrações no éter, a uma frequência vibratória de 400 trilhões por segundo, causando as chamadas ondas luminosas. Portanto, sabemos que aquilo que chamamos de luz é simplesmente uma forma de energia e que a única luz existente é a sensação causada na mente pelo movimento das ondas luminosas. Quando o número aumenta, a luz muda de cor, sendo cada alteração cromática causada por vibrações mais curtas e

LIÇÃO 24   **217**

mais rápidas. Dessa forma, embora se diga que a rosa é vermelha, a relva é verde e o Céu é azul, sabemos que as cores existem apenas em nossa mente e são sensações experimentadas por nós como resultado das vibrações das ondas luminosas. Quando as vibrações se reduzem para menos de 400 trilhões por segundo, elas deixam de nos afetar como luz, porém experimentamos a sensação de calor. Por conseguinte, é óbvio que não podemos confiar na prova dos sentidos para nos informar sobre a realidade das coisas. Se o fizéssemos, acreditaríamos que o Sol se move, que o mundo é plano, e não redondo, e que as estrelas são pontos de luz, em vez de serem sóis enormes.

4. No todo, a teoria e a prática de qualquer sistema metafísico consistem em saber a verdade sobre nós e sobre o mundo em que vivemos; em saber que, para manifestar harmonia, você precisa pensar em harmonia; para exprimir saúde, precisa pensar em saúde; para expressar abundância, precisa pensar em abundância. Para tanto, deve se inverter a evidência recolhida pelos sentidos.

5. Ao saber que toda forma de doença, moléstia, carência e limitação é simplesmente o resultado do pensamento incorreto, você conhecerá "a verdade que o libertará". Verá como é possível mover montanhas. Estas, ainda que formadas só de dúvidas, medo, desconfiança ou outras formas de desestímulo, são, contudo, reais e não só precisam ser movidas, como também devem ser "lançadas ao mar".

6. A verdadeira tarefa que lhe cabe é convencer-se da verdade dessas afirmações. Quando o tiver conseguido, não terá dificuldade em pensar a verdade e, como foi mostrado, a verdade contém um princípio vital e se manifestará.

7. Aqueles que curam doenças por métodos mentais descobriram essa verdade, que demonstram em sua vida e na de

218 A CHAVE MESTRA

outras pessoas, todos os dias. Eles sabem que a vida, a saúde e a abundância são onipresentes, que preenchem o espaço inteiro. Também sabem que quem deixa a doença ou qualquer tipo de carência se manifestar ainda não chegou ao entendimento dessa grande lei.

8. Como todas as condições são criações do pensamento, logo, inteiramente mentais, a doença e a privação são simplesmente condições mentais em que o indivíduo deixa de perceber a verdade. Removido o erro, desaparece a condição.

9. O método de remoção desse erro é mergulhar no silêncio e conhecer a verdade. Como toda mente é uma só, você pode fazer isso na própria intenção ou na de outros. Se tiver aprendido a formar imagens mentais das condições desejadas, essa será a maneira mais fácil e rápida de alcançar resultados; caso contrário, pode se chegar aos resultados por argumentação, pelo processo de se convencer absolutamente da verdade de sua afirmação.

10. Lembre-se — e esta é a assertiva mais difícil e também mais maravilhosa de se entender — de que qualquer que seja o problema, não importa onde ele esteja, ou a quem atinja, seu único paciente é você mesmo. Você não precisa fazer nada exceto se convencer da verdade que deseja ver manifestada.

11. Essa é uma afirmação científica exata, em consonância com todos os sistemas metafísicos existentes; nenhum resultado permanente é obtido por qualquer outra forma.

12. Toda forma de concentração, criação de imagens mentais, argumentação, autossugestão são simplesmente métodos pelos quais você se capacita para entender a verdade.

13. Se você deseja ajudar alguém, destruir algum tipo de falta, limitação ou erro, o método correto é não pensar na pessoa que deseja ajudar. A intenção de ajuda é quanto basta, já

LIÇÃO 24   **219**

que coloca você em contato mental com a pessoa. Então, afaste da mente qualquer crença em carência, limitação, doença, perigo, dificuldade ou qualquer que seja o problema. Tão logo você consiga fazê-lo, obterá o resultado e a pessoa estará livre.

14. Mas lembre-se de que o pensamento é criativo e, consequentemente, toda vez que você deixar o pensamento se demorar em qualquer condição dissonante, deverá compreender que essas condições são apenas aparentes, não são reais, e o espírito é a única realidade e nunca pode ser menos que perfeito.

15. Todo pensamento é uma forma de energia, uma frequência vibratória, mas o pensamento da verdade é a frequência vibratória mais elevada que se conhece. Consequentemente, ele destrói toda forma de erro, tal como a luz destrói a escuridão; nenhum erro pode existir quando a "verdade" surge, de modo que todo o seu trabalho mental consiste em formar uma compreensão da Verdade. Isso lhe permitirá superar todo tipo de carência, limitação ou doença.

16. Não podemos compreender a verdade a partir do mundo exterior; o mundo exterior é apenas relativo; a verdade é absoluta. Portanto, devemos encontrá-la no "mundo interior".

17. Treinar a mente para ver apenas a verdade é expressar apenas condições verdadeiras. Nossa capacidade de fazê-lo será uma indicação do progresso alcançado.

18. É absolutamente verdadeiro que o "eu" é perfeito e completo. O verdadeiro "eu" é espiritual, logo, não pode deixar de ser perfeito. Ele nunca pode sofrer qualquer carência, limitação ou doença. A centelha de genialidade não tem origem no movimento molecular do cérebro. Ela é inspirada pelo ego, o "eu" espiritual que é uno com a Mente Universal. A causa de toda inspiração, de toda genialidade, é nossa capacidade de reconhecer a unidade. Esses resultados têm longo alcance e afetam

220 A CHAVE MESTRA

as gerações futuras; eles são os pilares de fogo que marcam o caminho a ser seguido por milhões.

19. A verdade não é o resultado do treinamento lógico, da experimentação ou mesmo da observação; ela é o produto de uma consciência desenvolvida. Dentro de um César, a verdade se manifesta no comportamento, na vida e nos atos desse César, e também na influência dele sobre as formas e o progresso social. Sua vida, suas ações e influência no mundo irão depender do grau de verdade que você é capaz de perceber, pois a verdade não se manifesta nas crenças, mas na conduta.

20. A verdade se manifesta no caráter, e o caráter de um homem deve ser a interpretação da religião ou da verdade dele. Isso, por sua vez, será evidenciado no caráter de suas posses. Se um homem se queixa da instabilidade da própria sorte, ele é tão injusto consigo mesmo como se negasse a verdade racional, mesmo que ela fosse flagrante e irrecusável.

21. Nosso ambiente e as inúmeras circunstâncias e incidentes em nossa vida já existem na personalidade subconsciente que atrai a si os materiais mentais e físicos agradáveis à própria natureza. Assim, com nosso futuro determinado por nosso presente, se houver alguma aparente injustiça em qualquer aspecto ou fase de nossa vida pessoal, devemos procurar a causa dentro de nós, tentando descobrir qual fato mental responde por essa manifestação externa.

22. Essa verdade deixa você "libertado" e o conhecimento consciente dela é o que permite a você superar qualquer dificuldade.

23. As condições ou situações com que você se depara no mundo exterior resultam invariavelmente das condições existentes no mundo interior. Consequentemente, segue-se

LIÇÃO 24   **221**

com precisão científica que, se você mantiver em mente o ideal perfeito, poderá produzir condições ideais em seu ambiente.

24. Se você enxergar só o incompleto, o imperfeito, o relativo, o limitado, essas condições se manifestarão em sua vida. Contudo, se treinar sua mente para ver e compreender o ego espiritual, o "eu" que sempre é perfeito e completo, só se manifestarão condições harmoniosas, íntegras e saudáveis.

25. Como o pensamento é criativo e a verdade é o pensamento mais elevado e mais perfeito ao qual se pode chegar, obviamente pensar a verdade é criar o verdadeiro, e com a manifestação da verdade o falso deixa de existir.

26. A Mente Universal é a totalidade de todas as mentes que existem. Espírito é mente, porque é inteligente. Portanto, espírito e mente são sinônimos.

27. A dificuldade que temos de superar é perceber que a mente não é individual. Ela é onipresente. Ela existe em toda parte. Em outras palavras, não há lugar onde não esteja. Por conseguinte, ela é Universal.

28. Até agora, a humanidade geralmente utilizou a palavra "Deus" para nomear esse princípio Universal e criativo. Mas a palavra "Deus" não comunica o significado correto. A maioria considera que essa palavra representa algo externo a elas, mas o fato é exatamente o contrário. Ele é a própria vida. Sem ele, estaríamos mortos, deixaríamos de existir. No momento em que o espírito deixa o corpo, é como se fôssemos nada, daí ser o espírito realmente tudo o que somos.

29. Ora, a única atividade do espírito é o poder de pensar. Logo, o pensamento deve ser criativo, porquanto o espírito é criativo. O poder criativo é impessoal e nossa capacidade de pensar é a capacidade de controlar esse poder e utilizá-lo para nosso próprio bem e o dos demais.

30. Quando você perceber, assimilar e valorizar a verdade dessa declaração, poderá se apropriar da chave mestra. Mas lembre-se de que somente aqueles bastante sábios para entender, abertos para aceitar as evidências, firmes para seguir a própria opinião e fortes para fazer os sacrifícios necessários podem entrar e desfrutar.

31. Esta semana, procure entender que o mundo em que vivemos é verdadeiramente maravilhoso, que você é um ser maravilhoso, que muitos estão despertando para o conhecimento da verdade. Tão logo despertos, eles adquirem um conhecimento das "coisas que foram preparadas para eles"; também entendem que "os olhos não viram, nem os ouvidos ouviram, nem penetraram o coração do homem" os esplendores que existem para os que chegam à Terra Prometida. Eles saberão que cruzaram o rio do julgamento e chegaram ao ponto de discriminação entre o verdadeiro e falso; e descobriram que tudo o que sempre quiseram ou sonharam era só uma pálida ideia da deslumbrante realidade.

Ainda quando é possível deixar terras de herança, não se podem legar conhecimento e sabedoria. O rico pode pagar a quem o sirva, mas não pode fazer alguém pensar por ele nem pode comprar nenhuma forma de desenvolvimento pessoal.

— S. Smiles

Este livro foi composto na tipografia Minion Pro,
em corpo 11/15, e impresso em
papel off-white no Sistema Cameron da
Divisão Gráfica da Distribuidora Record.